DAS MEGADICKE BUCH DER
CLEVEREN ANTWORTEN

DAS MEGADICKE BUCH DER CLEVEREN ANTWORTEN

von Nikolaus Lenz

Loewe

Bibliografische Information
Der Deutschen Bibliothek
Die Deutsche Bibliothek verzeichnet
diese Publikation in der Deutschen Nationalbibliografie;
detaillierte bibliografische Daten sind im Internet
über http://dnb.ddb.de abrufbar.

Der Umwelt zuliebe ist dieses Buch
auf chlorfrei gebleichtem Papier gedruckt.

ISBN 3-7855-5391-9 – 1. Auflage 2005

Umschlagillustration: Anna Zimmermann
Umschlaggestaltung: Andreas Henze
Gesamtherstellung: GGP Media GmbH, Pößneck
Printed in Germany

www.loewe-verlag.de

Inhalt

Der menschliche Körper

Warum schreien Babys so laut?

Säuglinge sind hilflose Wesen, die ganz und gar auf die Fürsorge und Hilfe der Erwachsenen angewiesen sind. Da Babys noch nicht sprechen können, schreien sie einfach los, wenn sie sich unbehaglich fühlen. Für die Erwachsenen ist das ein Zeichen, dass dem Baby etwas fehlt. Eltern können meistens ganz gut verstehen, was das Baby wirklich will – ob es zum Beispiel Hunger hat oder vielleicht Schmerzen. Babys schreien auch, wenn sie schlafen möchten, wenn ihnen kalt ist oder wenn ihre Windeln nass sind. Das Gebrüll von Babys kann sogar lauter sein als das Schreien von Erwachsenen. Das hat seinen guten Grund: Denn auf diese Weise hat die Natur dafür gesorgt, dass man das hilflose Baby nicht überhört.

Wozu haben wir die Tränen?

Wenn wir weinen, erzeugen kleine Drüsen oberhalb des Augapfels eine salzige Flüssigkeit – die Tränen quellen aus den Augen. Aber Tränen entstehen nicht nur, wenn wir traurig sind. Sie werden ständig erzeugt, solange wir wach sind. Sie haben wichtige Aufgaben zu erfüllen.

Tränen bewirken, dass die empfindliche Hornhaut an der Oberfläche des Augapfels stets feucht bleibt und niemals austrocknet. Tränen „schmieren" sozusagen seine Oberfläche, sodass wir die Augenlider auf- und zuklappen können. Außerdem versorgen sie die Hornhaut mit Nährstoffen und schützen das Auge vor Bakterien. Und wenn Staub und Schmutz ins Auge geraten, werden sie von den Tränen fortgespült.

Warum fließen beim Weinen die Tränen?

Normalerweise werden die Tränen von kleinen Pünktchen aufgefangen, die neben den inneren Augenwinkeln liegen. Von dort führt ein kleiner Gang in die Nasenhöhle. Beim Weinen, bei grellem Licht, wenn etwas ins Auge gerät oder bei Schnupfen werden mehr Tränen erzeugt, als über diesen kleinen Gang in die Nasenhöhle abfließen können. Dann fließen die Tränen außen über das Gesicht. Neugeborene Babys können noch keine Tränen weinen, da ihre Tränendrüsen noch nicht voll entwickelt sind.

Warum läuft beim Weinen auch die Nase?

Manchmal müssen Menschen so stark weinen, dass auch die Nase läuft. Man sagt, jemand heult „Rotz und Wasser“. Dabei produzieren die Tränendrüsen so viele Tränen, dass die Flüssigkeit über die kleinen Tränenkanäle in das Innere der Nase abläuft und sich dort mit dem Nasenschleim vermischt.

Wozu brauchen wir den Bauchnabel?

Wenn man es genau nimmt, brauchen wir den Bauchnabel gar nicht mehr. Er ist ein Überbleibsel aus der Zeit, in der wir als Babys im Bauch der Mutter gewachsen sind. Babys im Mutterleib nennt man Embryos. Sie bekommen Nahrung und Sauerstoff durch eine lange Schnur, die mit der Mutter verwachsen ist. Durch diese Nabelschnur ist der Embryo an den Blutkreislauf der Mutter angeschlossen. Sobald das Kind zur Welt kommt, ist die Nabelschnur überflüssig und wird abgeschnitten. Denn nun kann der Säugling ja selbst atmen und trinken. Der Rest der Nabelschnur am Bauch des Babys trocknet ein. Zurück bleibt eine Art Narbe – eben der Bauchnabel.

An welchen Körperstellen sind Menschen vollkommen kahl?

Fast die ganze Oberfläche des Körpers ist mit Haaren oder winzigen, fast unsichtbaren Härchen bedeckt. Es gibt nur ganz wenige vollkommen kahle Stellen: die Handflächen, die Fußsohlen und die Lippen.

Warum bekommen alte Menschen graues Haar?

Die Haarfarbe kommt von Farbstoffen, die an der Haarwurzel gebildet werden. Man nennt diese Stoffe Pigmente. Je älter man wird, desto weniger Pigmente gelangen in das Haar. Die Haarwurzel kann nur noch wenige Farbstoffe bilden, und das Haar wird grau und später weiß. Dieses Ergrauen fängt bei den Kopfhaaren an; später wird bei Männern auch der Bart weiß. Zuletzt verlieren auch die Augenbrauen ihre Farbe. Die Anlage dazu ist vererbt. Manche Menschen haben noch im Alter blondes oder dunkles Haar. Ostasiaten wie die Japaner und Chinesen behalten ihre dunkle Haarfarbe zumeist bis ins hohe Alter. Europäer bekommen ihr graues Haar manchmal schon mit dreißig Jahren. Viele Menschen lassen sich dann das Haar färben, um jünger auszusehen.

Wie lange lebt ein Haar?

Haare haben eine Lebensdauer von etwa fünf Jahren; dann fallen sie aus: Aus der Haarwurzel sprießt ein neues Haar. Die Haare fallen nicht alle gleichzeitig aus, sondern nach und nach; die Kopfbehaarung insgesamt bleibt erhalten. Erst wenn gar keine neuen Haare erzeugt werden, bildet sich eine Glatze. Die Neigung zur Glatzköpfigkeit ist angeboren. Es gibt leider sehr wenig, was man dagegen tun kann.

Wann wächst der Mensch am schnellsten?

Im ersten Lebensjahr. In dieser Zeit wächst ein Baby um etwa 25 Zentimeter. Später geht es langsamer voran. Zwischen dem achten und dem zwölften Lebensjahr wächst man durchschnittlich 17 Zentimeter. Erwachsene behalten ihre Körpergröße, bis sie im Alter wieder zu schrumpfen beginnen.

Woher kommt ein blauer Fleck?

Dicht unter der Haut liegen unzählige kleine blutgefüllte Adern. Man nennt sie die Blutgefäße. Dieses feine Netz kann platzen, wenn wir kräftig gegen einen harten Gegenstand stoßen. Dann fließt etwas Blut aus den Äderchen und sammelt sich unter der Haut. Das Blut kann man durch die Haut hindurch sehen: als rötlichen oder als blauen Fleck. Boxer, die einen heftigen Schlag abbekommen haben, bekommen ein „blaues Auge". Im Lauf der Zeit kann sich die verletzte Stelle auch gelblich oder sogar grünlich verfärben. Die Blutfarbstoffe im „blauen Fleck" altern dann und verändern dabei ihre Farbe. Später bilden sich die Blutgefäße neu, und der blaue Fleck verschwindet.

Warum bekommt man eine Beule von einem Schlag auf den Kopf?

Unter der Kopfhaut befinden sich besonders viele Blutgefäße. Ein heftiger Schlag oder Stoß kann einige Adern zum Platzen bringen; oder es entstehen kleine Lecks in den Blutgefäßen. Blutflüssigkeit ergießt sich in den

Zwischenraum zwischen Knochen und Haut. Sie besteht zur einen Hälfte aus den Blutkörperchen und zur anderen aus einer wässrigen Flüssigkeit. Die Stelle schwillt an, und es bildet sich eine Beule.

Warum läuft bei Schnupfen die Nase?

Der Innenraum der Nase muss ständig feucht gehalten werden. Zuständig dafür ist die Schleimhaut, die eine zähe, schleimige Flüssigkeit erzeugt. Dieser Schleim schützt die Nasenhöhlen vor Staub und winzigen Krankheitserregern in der Luft. Wenn wir uns die Nase putzen, blasen wir die Mischung aus Schleim und Schmutz, den Rotz, ins Taschentuch. Bei einer Erkältung erzeugen die Schleimhäute besonders viel Schleim, die Nase läuft. Das ist unangenehm, aber eine wichtige Abwehrmaßnahme des Körpers. Im Schleim sind nämlich viele Stoffe enthalten, die Krankheitserreger abtöten.

Wieso müssen manche Menschen eine Brille tragen?

Das Auge funktioniert so ähnlich wie eine Kamera. Lichtstrahlen fallen in das Auge und werden von einer Linse, der Pupille, abgelenkt. Sie treffen nun auf die Netzhaut hinten im Augapfel, wo sie lichtempfindliche Nervenzellen reizen. Diese Information wird von Nerven in das Gehirn weitergeleitet, das daraus ein Bild gestaltet: Wir sehen etwas. Bei vielen Menschen hat die Linse im Auge aber nicht die richtige Krümmung. Die Lichtstrahlen treffen also nicht exakt auf die Netzhaut – die „Kamera“ ist falsch eingestellt. Eine Brille kann diesen Sehfehler ausgleichen. Sie lenkt das Licht, das auf das Auge trifft, schon vorher etwas ab und hilft damit dem Auge, die Lichtstrahlen richtig zu bündeln und ein scharfes Bild zu erzeugen. Brillenträger mit richtig angepassten Gläsern sehen durchaus genauso gut wie Menschen mit scharfen Augen.

Was ist der Unterschied zwischen Kurzsichtigkeit und Weitsichtigkeit?

Kurzsichtige Menschen können auf kurze Entfernung recht gut sehen. Sie haben aber Probleme, weiter entfernt liegende Dinge zu erkennen. Bei Weitsichtigen ist es umgekehrt; sie sehen in der Weite gut, brauchen aber Brillen, um die Dinge in ihrer Nähe scharf zu sehen, zum Beispiel die Buchstaben in einem Buch. Weitsichtige haben daher Lesebrillen.

Warum sind die Pupillen bei hellem Licht kleiner?

Pupillen sind die dunklen Scheibchen mitten im Auge. Bei hellem Licht sind sie kleiner als in der Dämmerung. Das hat folgenden Grund: Durch die Pupille fällt das Licht in das Innere des Auges. Bei Helligkeit werden die Pupillen kleiner. Sie verengen sich, um weniger Licht ins Auge zu lassen und die Nervenzellen auf der Rückseite des Auges zu schonen. Bei Dunkelheit braucht das Auge mehr Licht, um etwas zu sehen. Deshalb erweitern sich die Pupillen. Man kann das gut beobachten, wenn man bei schwachem Licht in einen Spiegel guckt. Schaltet man nun eine helle Lampe ein, kann man zusehen, wie die Pupille kleiner wird.

Warum kann man jemanden mit einem Scheinwerfer blenden?

Die Umstellung des Auges von wenig auf viel Licht braucht einige Zeit. Dies ist der Grund, warum man sich zuerst geblendet fühlt, wenn jemand das Licht in einem dunklen Zimmer einschaltet. Die Pupillen waren eben noch weit und ganz auf die Dunkelheit eingestellt; sie müssen sich erst an das helle Licht gewöhnen. Aus demselben Grund kann man jemanden blenden, wenn man ihn nachts mit einem Scheinwerfer anstrahlt. Er wird eine Zeit lang nichts sehen können. Das Wort „blenden“ heißt so viel wie „blind machen“. Umgekehrt ist es, wenn man aus dem hellen Sonnenlicht in einen dunklen Raum tritt. Dann erscheint zunächst alles dunkel, und man kann nur wenig erkennen. Erst wenn sich die Pupillen umgestellt haben, lassen sich die Gegenstände ausmachen.

Welcher Muskel arbeitet am flinksten?

Das ist jener Muskel, der das Augenlid auf- und zuklappt. Wir blinzeln durchschnittlich 20-mal in der Minute. Beim Blinzeln wird Tränenflüssigkeit verteilt und das Auge „geschmiert“. Das geht so schnell, dass wir es gar nicht merken. Wir blinzeln auch, wenn ein Staubkörnchen ins Auge fällt. Mit dem Blinzeln versuchen wir, den Fremdkörper wieder loszuwerden.

Warum haben Menschen zwei Augen?

Menschen, die auf einem Auge blind sind, können nicht so gut erkennen, welche Dinge hintereinander und welche nebeneinander liegen – dazu braucht man zwei Augen. Man nennt diese Fähigkeit das stereoskopische Sehen. Möglich wird es, weil die beiden Augen nebeneinander liegen, sodass jedes Auge sein eigenes Bild aufnimmt, und zwar aus einem winzig kleinen anderen Winkel. Was das linke Auge abbildet, unterscheidet sich also ein wenig von dem, was das rechte Auge wahrnimmt. Im Gehirn werden die beiden Bilder dann zusammengemischt. Das Hirn errechnet aus ihnen ein gemeinsames Bild von dem, was wir sehen. Und nun passiert das Verblüffende: Wir sehen die Welt nicht flach wie auf einem Foto, sondern räumlich.

Wie sieht man mit einem Auge?

Mit nur einem Auge kann man nur sehr schwer abschätzen, wie weit ein Gegenstand entfernt ist. Wir können das leicht ausprobieren, wenn wir ein Auge zukneifen und einen Bleistift mit halb ausgestrecktem Arm vor das Gesicht halten. Nun versuchen wir, mit dem Finger der anderen Hand den Bleistift von der Seite her zu berühren. Wahrscheinlich tippen wir daneben. Wir sehen den Bleistift, wissen aber nicht, wo er sich im Raum befindet. Wenn wir nun mit beiden Augen hingucken, können wir den Bleistift problemlos finden.

Wie kommt ein Geräusch in den Kopf?

Ein Ton entsteht, wenn die Luft zum Schwingen gebracht wird; Schall ist die Vibration der Luftteilchen. Diese Vibrationen pflanzen sich in der Luft so ähnlich fort wie Wellen auf einer Wasseroberfläche. Die Ohrmuschel fängt den Schall auf und leitet ihn in das Innere des Gehörorgans weiter. Dort prallen die Luftteilchen auf das Trommelfell und versetzen es in Schwingungen (das Trommelfell ist ein kleines, straff gespanntes Stück Haut). Über ein kompliziertes System von kleinen Knöchelchen im Innenohr werden nun winzige Nervenzellen gereizt, und der Schall wird in Nervenimpulse verwandelt. Diese erreichen schließlich das Gehirn, und wir nehmen diese Abfolge als Klänge, Töne und Geräusche wahr.

Warum sehen wir einen Blitz, bevor wir den Donner hören?

Licht breitet sich mit unerhört großer Geschwindigkeit aus: mit etwa 300 000 Kilometern pro Sekunde. Wenn es blitzt, sehen wir den Lichtblitz praktisch im selben Augenblick, in dem er entsteht. Schall braucht viel länger. Die Geschwindigkeit, mit der sich Schall ausbreitet, beträgt etwa 300 Meter pro Sekunde. Obwohl also Blitz und Donner gleichzeitig entstehen, sehen wir zuerst den Blitz.

Woher wissen wir, aus welcher Richtung ein Geräusch kommt?

Mit unseren beiden Ohren können wir die Richtung erkennen, aus der ein Klang oder ein Geräusch kommt; und dazu brauchen wir tatsächlich alle beide Ohren. Ein Ton entsteht, wenn irgendwo die Luft zum Schwingen gebracht wird: etwa durch ein Musikinstrument oder durch den Zusammenprall von Gegenständen oder dadurch, dass jemand spricht oder ruft. Der Schall breitet sich in der Luft aus und trifft auf die Ohren. Die beiden Ohren nehmen den Schall getrennt auf. Wenn der Schall von der Seite, zum Beispiel von links kommt, trifft er zuerst auf das linke Ohr und Sekundenbruchteile später auf das rechte Ohr. Das Gehörorgan in jedem Ohr leitet die Information über die Nerven sofort an das Gehirn weiter. Dort kommt das Signal zu verschiedenen Zeiten an. Das Gehirn erkennt diese winzigen Unterschiede und errechnet daraus automatisch, aus welcher Richtung der Schall kommt. Hätten wir nur ein Ohr, könnten wir ein Geräusch zwar wahrnehmen; wir wüssten aber nicht, aus welcher Richtung es kommt.

Warum können wir die Rufe der Fledermäuse nicht hören?

Menschen können längst nicht alle Töne hören, die es überhaupt gibt. Wenn die Luft zu langsam oder zu schnell vibriert, ist dieser Schall für uns unhörbar. Unser Gehörsinn ist nicht dafür gebaut, besonders tiefe oder besonders hohe Töne wahrzunehmen. Wir hören nur Schall, bei dem die Luftteilchen schneller als 15-mal pro Sekunde und langsamer als 20 000-mal pro Sekunde schwingen. Diese Grenze nennt man Hörgrenze. Solche sehr hohen Töne können aber schon Menschen nicht mehr hören. Andere Lebewesen haben viel höhere Hörgrenzen. Fledermäuse beispielsweise erzeugen so hohe Töne, dass wir Menschen sie nicht wahrnehmen können. Aber Hunde können die Rufe von Fledermäusen hören.

Wozu haben wir Ohrmuscheln?

Die wichtigsten Gehörorgane liegen im Inneren des Ohres. Die Ohrmuschel – das, was wir vom Ohr sehen können – ist bloß eine Art Auffanggerät. Durch die muschelartige Form der Ohrmuschel werden die Schallwellen gebündelt und ins Mittel- und Innenohr geleitet.

Welches Organ hilft uns, das Gleichgewicht zu halten?

Im Inneren des Ohres sitzt ein Organ, das uns hilft, das Gleichgewicht zu halten. Es besteht aus einem System von Röhrchen, in dem eine Flüssigkeit schwappt. Wenn wir den Kopf drehen, einen Purzelbaum schlagen oder schaukeln, verändert sich der Wasserstand. Diese Veränderung wird von Sinneszellen registriert. Sie leiten die Informationen in jedem Moment über Nervenleitungen an das Gehirn weiter. Wir spüren dann auch mit geschlossenen Augen, ob wir liegen, ob wir uns drehen oder schaukeln.

Warum wird uns beim Schaukeln manchmal übel?

Manchmal gerät der menschliche Gleichgewichtssinn durcheinander. Bei einer Schifffahrt mit hohem Seegang bekommt das Gehirn ständig andere und immer wieder neue Informationen darüber, in welcher Lage wir uns im Moment befinden. Etwas Ähnliches passiert, wenn wir lange oder zu hoch schaukeln. Diese ungewohnten Signale können nicht mehr richtig verarbeitet werden. Dann wird uns übel, und wir müssen uns ruhig hinlegen. So kann sich der überforderte Gleichgewichtssinn wieder erholen.

Warum darf man im Ohr nicht herumstochern?

Das Ohr ist ein sehr empfindliches Organ. Besonders das Herumstochern mit spitzen Gegenständen ist äußerst gefährlich, dabei kann man leicht das Trommelfell verletzen. Doch auch mit Wattestäbchen sollte man vorsichtig umgehen. Man darf sie nie weiter hineinstecken, als auch der kleine Finger reichen würde. Beim Versuch, den Gehörgang mit einem Wattestäbchen zu reinigen, kann man das Ohrenschmalz leicht tief in das Ohr schieben. Dann verstopft es die Gehörgänge. Der Schall dringt nicht mehr in das Innenohr, und man hört schlecht. Der Arzt hat für solche Fälle ein spezielles Gerät, mit dem er das Ohr ausspült.

Warum knackt es im Ohr bei einer Zugfahrt durch den Tunnel?

Wenn ein Zug in einen Tunnel einfährt, verändert sich plötzlich der Luftdruck. Das spüren wir durch ein Knacken im Ohr und durch ein unangenehm dumpfes Gefühl. Wir haben die Empfindung, plötzlich schlechter zu hören. Das hat folgenden Grund: Zwischen dem Inneren des Ohres und der Ohrmuschel ist ein dünnes Häutchen gespannt – das Trommelfell. Solange der Luftdruck außen und innen gleich ist, drückt die Luft von beiden Seiten mit der gleichen Stärke gegen das Trommelfell. Bei der Einfahrt in den Tunnel schwankt der äußere Luftdruck; der Innendruck bleibt aber gleich. Dadurch krümmt sich das Trommelfell. Wir spüren das als dumpfen Druck oder als Knacken. Im Lauf der Zeit gleicht sich der Druckunterschied freilich wieder aus, und wir hören wieder normal. Etwas Ähnliches passiert bei einer Fahrt mit der Seilbahn, denn auf dem Berg ist der Luftdruck geringer als unten im Tal. Bergsteiger haben damit allerdings keine Probleme. Sie steigen so langsam hoch, dass sie die Luftdruckveränderungen nicht spüren.

Sieht jemand, der farbenblind ist, die Welt nur in Schwarz-Weiß?

Farbenblindheit ist sehr häufig. Fünf von 100 Menschen haben Probleme, alle Farben so wahrzunehmen wie der Durchschnittsmensch. Meistens können sie die Farben Rot und Grün nur schwer auseinander halten. In solchen Fällen spricht man von einer Farbenfehlsichtigkeit. Merkwürdigerweise ist Farbenblindheit bei Männern zehnmal so häufig wie bei Frauen. Echte Farbenblindheit, bei der man die Welt tatsächlich nur in den Farben Schwarz, Weiß und Grau sieht, ist hingegen sehr selten. Auf 40 000 Menschen – das ist die Bevölkerung einer kleineren Stadt – kommt im Durchschnitt nur ein einziger Mensch, der total farbenblind ist.

Gibt es Brillen gegen Farbenblindheit?

Wenn jemand von Geburt an farbenblind (farbenfehlsichtig) ist, so kann diese Behinderung nicht geheilt werden. Es gibt auch keine Brillen, die Farbenblindheit ausgleichen. Trotzdem kommen fast alle Farbenblinden im Leben gut zurecht – auch im Straßenverkehr. Die Ampellichter sind stets gleich angeordnet: oben Rot, in der Mitte Gelb und unten Grün. So kann man gut erkennen, welches Licht aufleuchtet, auch wenn man Rot und Grün nicht unterscheiden kann. „Rot“ ist einfach „oben“. Allerdings gibt es einige Berufe, die Farbenblinde nicht ausüben dürfen. Sie können keine Flugzeugpiloten, Berufskraftfahrer oder Lokomotivführer werden.

Woher haben die Milchzähne ihren Namen?

Babys werden ohne Zähne geboren. Wenn später die kleinen Milchzähnchen durchstoßen, hat das Baby Schmerzen. Es ist unruhig und weint viel. Man sagt, es „zahnt“. Im Alter von zwei Jahren haben Kinder schon ein aus 20 kleinen Milchzähnen bestehendes Gebiss. Der Name „Milchzahn“ kommt von der Nahrung der

Säuglinge, nämlich von der Muttermilch. Alle Säugetierkinder haben zuerst ein Milchgebiss.

Warum fallen die Milchzähne wieder aus?

Bei uns Menschen beginnen die Milchzähne im Alter von vier bis sechs Jahren zu wackeln und fallen mit der Zeit alle aus. Von unten her drücken nämlich die nachwachsenden Zähne des späteren Erwachsenengebisses nach. Erwachsene haben 32 Zähne. Wenn diese Zähne ausfallen, wachsen sie nicht mehr nach.

Warum können Zähne Löcher bekommen?

Der Zahnschmelz auf der Oberfläche des Zahns ist das härteste Material, das der menschliche Körper erzeugen kann. Trotzdem können die Zähne Löcher bekommen. Nach den Mahlzeiten bleiben nämlich immer Essensreste in den Zwischenräumen der Zähne hängen. Davon ernähren sich die unsichtbar kleinen Bakterien, die im Mund leben. Sie zersetzen die Speisereste. Dabei entstehen Säuren, die sogar den Zahnschmelz knacken können. Sobald erst mal ein kleines Loch vorhanden ist,

ist der Weg frei. Die Bakterien können in das weichere Zahninnere eindringen. Der Zahn wird von innen her ausgehöhlt, und man bekommt Karies.

Warum bohrt der Zahnarzt?

Sobald sich die Löcher bis in die Nähe der Nerven im Inneren des Zahns ausweiten, fangen die Zahnschmerzen an. Da kann nur noch der Zahnarzt helfen. Er bohrt die Löcher aus und verschließt sie mit einer Plombe. Wenn man nicht rechtzeitig zum Zahnarzt geht, werden die Löcher immer größer. Sie zerstören den Zahn, und schließlich muss er gezogen werden.

Weshalb ist es wichtig, sich nach dem Essen die Zähne zu putzen?

Wer seine Zähne regelmäßig putzt, entfernt die Speisereste im Gebiss. Die im Mund lebenden Bakterien haben so viel weniger Nahrung, und die Gefahr von Karies ist geringer. Besonders schädlich für die Zähne sind Süßigkeiten wie Bonbons und Schokolade. Der Zucker verwandelt sich durch die Arbeit der Bakterien nämlich besonders schnell in Säure.

Wo entsteht die Stimme?

Die menschliche Stimme entsteht tief im Hals. In der Kehle befindet sich eine steife Röhre, der Kehlkopf, in dem die Stimmbänder liegen. Das sind elastische Häutchen. Wenn wir atmen, liegen sie an den Innenwänden des Kehlkopfs an. Beim Sprechen, Singen oder Schreien atmen wir langsam aus und lassen dabei die Luft an den Stimmbändern vorbeistreichen. Der Luftstrom bringt die Stimmbänder zum schnellen Schwingen. Die Vibration erzeugt den Schall.

Weshalb brauchen wir zum Sprechen Luft?

An den Stimmbändern muss Luft vorbeistreichen, damit Töne entstehen können. Beim Sprechen müssen wir also ausatmen. Mit einiger Übung schafft man es auch, beim Einatmen zu sprechen; dann klingt die Stimme rau und merkwürdig verändert. Normalerweise atmen wir beim Sprechen durch Mund und Nase gleichzeitig aus. Die verschiedenen Laute werden in einem komplizierten Zusammenspiel von Zunge und Lippen gebildet. Bei diesem Vorgang dient die Nasenhöhle als eine Art Resonanzkasten. Wenn man sich die Nase zuhält, kann man zwar sprechen, doch die Stimme klingt fremd und dumpf. Bei geschlossenem Mund können wir gar keine verständlichen Laute hervorbringen. Wir können nur summen, aber nicht richtig sprechen oder wirklich singen. Und wenn man zugleich Nase und Mund zuhält, kann man überhaupt keinen Ton hervorbringen – weil dann keine Luft mehr an den Stimmbändern vorbeiströmen kann.

Wieso klingt unsere Stimme auf Tonband so anders?

Oft ist es ein richtiger Schock, wenn man auf Tonband spricht und nachher seine eigene Stimme abhört. Sie klingt so fremd wie die Stimme eines anderen Menschen. Und tatsächlich klingen wir für andere Leute anders als für uns selbst. Die eigene Stimme hört man nämlich hauptsächlich von innen. Beim Sprechen und Singen klingen der Brustkasten und die Knochen im

Kopf mit und übertragen einen Teil des Schalls direkt an das Gehörorgan. Ein anderer Teil des Schalls nimmt den Umweg über die Luft zum Ohr. Diese Klangmischung hört sich für uns selbst anders an als für einen Zuhörer. Ein Tonband nimmt aber die Stimme genau so auf, wie sie für die anderen klingt.

Wieso können wir mit hoher und mit tiefer Stimme sprechen?

Wir können die Stimmbänder so einstellen, dass sie mal straff und mal weniger straff gespannt sind. So kommen die unterschiedlich hohen Töne zu Stande. Der menschliche Kehlkopf ist ein wunderbares „Instrument", das die verschiedensten Töne erzeugt.

Warum haben Kinder höhere Stimmen als Erwachsene?

Der Kehlkopf von Kindern ist kleiner, und auch die Stimmbänder sind kürzer. Deshalb sind Kinderstimmen höher als die Stimmen von Erwachsenen. Etwas Ähnliches passiert, wenn man ein kurzes und dann ein langes Gummiband anzupft: Das kurze Band erzeugt einen höheren Ton.

Warum kommen nur Jungen in den Stimmbruch?

Wenn Jungen im Alter von etwa dreizehn bis fünfzehn Jahren in die Pubertät kommen, wird auch der Kehlkopf rasch sehr viel größer. Er tritt ein Stück weiter hervor und ist nun von außen als kleiner Höcker unter dem Kinn sichtbar. Man nennt ihn den „Adamsapfel". Die Stimme wird tiefer. Eine Zeit lang schwankt die Stimme dann zwischen der kindlichen, hellen Kinderstimme und der tiefen Männerstimme. Das ist der Stimmbruch. Wenn Mädchen in die Pubertät kommen, ändert sich die Stimmlage weniger stark als bei Jungen, die zu Männern werden.

Warum erklingen im Chorgesang die Frauenstimmen lauter als die Männerstimmen?

Hohe Frauenstimmen klingen lauter als tiefe Männerbässe, auch wenn Frauen und Männer mit der gleichen Kraft singen. Im Chor hört man die Frauenstimmen sofort heraus. Und auch wenn Erwachsene und Kinder durcheinander reden, sind die Kinder besser zu hören. Schuld daran ist die Art, wie das Gehörorgan funktioniert. Für hohe und für tiefe Töne sind nämlich verschiedene Sinneszellen zuständig. Es gibt aber dreimal so viele Sinneszellen, die hohe Töne wahrnehmen, als Zellen, die für tiefe Töne zuständig sind. Eine hohe Frauen- oder Kinderstimme klingt lauter, weil wir sie besser hören können. Für besonders tiefe oder ganz hohe Töne haben wir überhaupt keine Sinneszellen. Diese Art von Klang ist zwar in der Luft – aber wir hören ihn nicht.

Was passiert, wenn wir uns beim Essen verschlucken?

Im Hals liegen zwei Röhren. Die Luftröhre führt vom Mund in die Lunge und lässt uns atmen. Hinter der Luftröhre liegt die Speiseröhre, durch die wir beim Schlucken das Essen vom Mund in den Magen befördern. Ein System von Klappen (Gaumensegel und Kehldeckel) sorgt dafür, dass der Speisebrei in die Speiseröhre befördert wird und nicht in die Luftröhre oder zurück in die Nase gelangt. Manchmal klappt das nicht ganz. Dann gerät ein Krümel in die Luftröhre, und wir müssen furchtbar husten. Damit pusten wir den verirrten Krümel wieder hoch in den Mund. Ohne diesen Hustenreiz nach dem Verschlucken könnte das Essen die Luftröhre verstopfen.

Wozu brauchen wir das Zäpfchen im Gaumen?

Den rückwärtigen Teil des Gaumens nennt man den weichen Gaumen, und ganz hinten im Gaumen sitzt ein kleines Zäpfchen. Es ist Teil des Gaumensegels, jener Klappe, die verhindert, dass Essen in die Nase gerät. Gemeinsam mit dem Kehldeckel, der die Luftröhre beim Schlucken verschließt, trennt das Zäpfchen die Speiseröhre von den Luftwegen. Der Speisebrei muss nun die Speiseröhre hinunterrutschen und kann nicht in die Luftröhre gelangen. Beim Atmen wird das Gaumenzäpfchen eingezogen und der Kehldeckel geöffnet. Nun ist für die Luft der Weg von Mund und Nase hinunter in die Lunge frei.

Was passiert beim Husten und Niesen?

Das Röhrensystem, durch das die Luft von Mund und Nase hinunter in die Lunge und beim Ausatmen wieder zurückbefördert wird, nennt man die Atemwege. Sie bestehen aus der Rachenhöhle, Nasenhöhle, Luftröhre und anderen Organen. Es ist lebensnotwendig, dass sie immer frei und nicht verstopft sind. Sonst würde man ersticken. Beim Husten und beim Niesen pusten wir die Atemwege frei. Das funktioniert so: Im Inneren verschließen sich die Atemwege einen Augenblick lang. Von der Lunge her drückt Luft nach, sodass in den Atemwegen Überdruck wie in einem prall gefüllten Luftballon herrscht. Nun öffnen sich die Klappen plötzlich, und die Luft kann sich explosionsartig ausdehnen.

Dabei werden die Atemwege durchgeputzt: beim Husten die Luftröhre und Teile der Lunge, beim Niesen der Nasenraum.

Warum müssen wir bei einer Erkältung so viel husten oder niesen?

Husten und Niesen sind automatische Reflexe des Körpers, um die Atemwege freizuhalten. Wenn zum Beispiel Fremdkörper wie Krümel oder Staubteilchen in die Luftröhre gelangen, werden sie wieder hochgeschleudert. Oder wir niesen, um Dinge wie Pfefferstaub aus der Nase zu befördern. Am unangenehmsten ist Husten oder Niesen aber bei Erkältungen. Dabei geschieht Folgendes: Bei einer Erkältung sammeln sich unsichtbar kleine Krankheitserreger in der Nase, im Rachen und im Hals. Die empfindlichen Schleimhäute entzünden sich. Sie werden dick, röten sich und erzeugen große Mengen von Schleim. Um den Schleim gemeinsam mit den Krankheitserregern loszuwerden, müssen wir husten und niesen.

Warum schnarchen manche Leute?

Beim Schlafen atmen wir normalerweise gleichzeitig durch den Mund und durch die Nase. Beide Luftströme kommen im hinteren Teil des Mundes zusammen, bevor sie gemeinsam in die Lunge weiterströmen. Beim Ausatmen teilen sie sich in der Mundhöhle wieder. Ein Teil der Luft wird durch die Nase, ein anderer Teil durch den Mund ausgeatmet. An der Abzweigung im Gaumen sitzt das Gaumensegel mit dem Zäpfchen. Dieser kleine Muskel sperrt beim Schlucken die Nasenhöhle ab. Beim Schlafen hat es nichts zu tun und ist ganz weich. Bei manchen Leuten vibriert es im Luftstrom, so ähnlich, wie eine Fahne im Wind knattert. Schnarchen kann manchmal eine richtige Plage sein – nicht nur für diejenigen, die das Schnarchen mit anhören müssen, sondern auch für den Schnarcher selbst. Der hört zwar sein eigenes Schnarchen nicht, aber er muss stark atmen, um genügend Luft in die Lunge zu pumpen. Deshalb haben Schnarcher keinen so erholsamen Schlaf wie andere Menschen, ja es kann bei ihnen sogar zu sekundenlangem Herzstillstand kommen.

Warum soll man sich vor dem Essen die Hände waschen?

Bakterien sind unglaublich winzige Lebewesen, die den menschlichen Körper innen und außen besiedeln. Auf einem Stück Haut, so groß wie ein Fingernagel, leben fünf Millionen Bakterien. Klar, dass man sie nur unter einem starken Mikroskop sehen kann. Die meisten Bakterien werden vom Körper gut vertragen und sind sogar für das Funktionieren des Organismus wichtig. Manche Arten sind jedoch gefährlich – sie können Krankheiten hervorrufen. Deshalb ist es wichtig, sich vor dem Essen die Hände mit Seife zu waschen. Vielleicht haben wir gerade zuvor Dinge angefasst, mit denen viele andere Menschen in Berührung gekommen sind – zum Beispiel Türklinken oder Geldstücke. Und vielleicht haben wir dabei auch gefährliche Bakterien mitgenommen, die von kranken Menschen stammen. Beim Waschen werden viele von ihnen wieder weggespült. Das verringert die Gefahr, dass die Bakterien beim Essen in den Mund geraten.

Wozu brauchen wir Knochen im Körper?

Knochen stützen den menschlichen Körper von innen und bilden das Gerüst, an dem die Muskeln mit ihren Sehnen befestigt sind. Außerdem schützen Knochen wie die Schädelknochen oder die Rippen die weichen inneren Organe wie das Gehirn, das Herz und die Lunge. Ohne Knochengerüst oder Skelett würde ein Mensch in sich zusammensinken wie ein schwerer, puddinggefüllter Sack, und er würde sich nicht bewegen können.

Wie viele Knochen hat der Mensch?

Der Körper eines Erwachsenen hat 206 Knochen, die fast alle durch Muskeln und Bänder miteinander verbunden sind. Der größte Knochen ist der Oberschenkelknochen, der kleinste sitzt im Ohr.

Haben alle Tiere Knochen?

Das innere Knochengerüst hat der Mensch mit den anderen Wirbeltieren gemeinsam. Das sind die Säugetiere, die Fische, die Vögel, die Kriechtiere und die Amphibien. Die Insekten hingegen haben kein Innenskelett. Bei ihnen sitzt außen ein steifer Knochenpanzer, der die Tiere zusammenhält. Wieder andere Tiere haben überhaupt keine Knochen. Dazu gehören Weichtiere wie die Tintenfische und Schnecken.

Warum müssen wir essen?

Das Essen liefert dem Körper die Kraft, die er zum Leben braucht. Die in den Lebensmitteln gespeicherte Energie wird in einem sehr komplizierten Vorgang in chemische Energie umgewandelt. Diesen Vorgang nennen wir Verdauung. Er findet im Magen und im Darm statt. Die aus den Lebensmitteln durch Verdauung gewonnenen Nährstoffe werden vom Blut in alle Teile des Körpers transportiert. Wenn der Magen voll ist, fühlen wir uns satt. Dann nämlich sind im Blut genug Nährstoffe vorhanden. Mit der Zeit wird der Magen immer leerer, und wir bekommen Hunger.

Warum werden wir immer wieder hungrig?

Im Gehirn befindet sich eine Art Fühler, der den Anteil an Nährstoffen im Blut überwacht. Sind zu wenig dieser Stoffe im Blut, meldet sich normalerweise das Hungergefühl. Aber nicht immer bekommen wir mit leerem Magen auch automatisch Hunger. In aufregenden Situationen hat man oft gar keinen Appetit. Dann unterdrückt das Gehirn das Hungergefühl. Es ist wichtiger, dass man sich auf seine Aufgaben konzentrieren kann, statt dauernd ans Essen denken zu müssen …

Woher kommt das Magenknurren?

Wenn wir Nahrung verdauen, sind Magen und Darm sehr beschäftigt. Sie bewegen sich, ziehen sich zusammen und dehnen sich wieder aus. Dabei schieben sie den Nahrungsbrei durch das Verdauungssystem. Auch wenn Magen und Darm leer sind, ist das Verdauungssystem weiter am Werk. Aber da ist nur noch Luft in Magen und Darm, die herumgeschoben wird, und es grummelt im Bauch. Sobald wir wieder etwas essen, hört das Magenknurren auf.

Wie viele Geschmacksrichtungen gibt es?

Menschen können viele hundert verschiedene Geschmacksnoten unterscheiden, die aber alle aus nur vier Geschmacksrichtungen zusammengemischt sind: aus Salzig, Süß, Sauer und Bitter. Die vielen verschiedenen Geschmacksnoten entstehen durch unterschiedliche Kombinationen, ähnlich wie auch sämtliche Farbtöne durch Mischungen der Grundfarben zu Stande kommen. Merkwürdig ist, dass die Geschmacksknospen in den verschiedenen Bereichen der Zunge für unterschiedliche Geschmacksrichtungen zuständig sind. Beispielsweise erkennen die Knospen auf der Zungenspitze keinen bitteren Geschmack. Dafür ist nämlich der hintere Teil der Zunge zuständig. Du kannst so etwas leicht ausprobieren: Wenn man ein paar Tropfen Salzwasser hinten auf die Zunge tropfen lässt, schmeckt man kaum etwas. Auf der Zungenspitze dagegen schmecken diese Tropfen salzig.

Weshalb schmeckt einem bei Schnupfen das Essen nicht so gut?

Eine wichtige Rolle beim Schmecken spielt auch der Geruchssinn. Erst zusammen mit dem Geruch kann sich der Geschmack einer Speise voll entfalten. Die Duftstoffe im Mund steigen in die Nase auf. Deshalb schmeckt einem das Essen viel weniger, wenn man Schnupfen hat. Dann ist die Nase voll, man riecht nichts, und die Speisen schmecken fad und geschmacklos. Das kann man in einem kleinen Experiment gut ausprobieren: Schneide zuvor heimlich eine geschälte, rohe Kartoffel in kleine Würfel, und halte sie versteckt. Dann schneide vor den Augen eines Freundes einen Apfel in ebenso große Stücke. Er soll sich nun die Nase zuhalten und die Augen schließen. Steck ihm einen Kartoffelwürfel in den Mund. Er wird glauben, ein Stück Apfel zu essen!

Wie kommt der Geruch in die Nase?

Riechen funktioniert so ähnlich wie Schmecken. In beiden Fällen reagieren Sinneszellen auf bestimmte chemische Stoffe. Für das Riechen sind die etwa 1,5 Millionen winzigen Riechzellen zuständig, die in der Nasenhöhle am so genannten Riechfeld sitzen. Beim Einatmen durch die Nase strömt Luft am Riechfeld vorbei, und wenn wir essen, steigt der Duft durch den Mund in die Nase hoch. Die Riechzellen werden durch die Duftteilchen in der Luft angeregt und melden den Geruch an das Gehirn weiter. Je mehr Duftteilchen sich in der Luft befinden, desto stärker empfinden wir ihren Geruch.

Warum sind manche Gerüche so abscheulich?

Manche Gerüche sind so abstoßend, dass wir sie einfach nicht aushalten. Der faulige Geruch von Aas beispielsweise kann für Menschen unerträglich sein. Ein Hund dagegen freut sich und macht sich begeistert über stinkendes Fleisch her. Hunde sind Fleisch- und Aasfresser. Verwesendes Fleisch hilft ihnen bei der Verdauung. Für Menschen ist verdorbenes Fleisch dagegen giftig. Sein Geruch bewahrt uns davor, Aas zu essen. Die meisten Dinge, die unerträglich stinken, sind für uns Menschen gefährlich; ihr Gestank ist eine Art Warnsignal.

Wie viele verschiedene Gerüche kann man unterscheiden?

Das kommt ganz darauf an, wie viel Übung jemand hat. Ungeübte Menschen können ungefähr 350 verschiedene Gerüche wahrnehmen. Spezialisten wie Parfümhersteller, die Düfte aus den verschiedensten Duftnoten zusammenstellen, können nach langer Übung ein Vielfaches an Gerüchen unterscheiden.

Warum können Hunde einen Menschen an seinem Geruch erkennen?

Auch wenn wir nicht richtig schwitzen, geben die Schweißdrüsen doch ständig ein wenig Schweiß ab. Pro Tag erzeugen wir ungefähr einen Liter Schweiß, der von der Kleidung aufgesogen wird oder auf der Haut verdunstet. Der Schweiß jedes Menschen riecht etwas anders; daher geht von jedem Menschen ein anderer Geruch aus. Der menschliche Geruchssinn ist im Allgemeinen nicht scharf genug, um den unterschiedlichen Geruch verschiedener Menschen zu erkennen. Hunde können das, sie haben hundertmal mehr Riechzellen in der Nase als Menschen. Wenn sie einen Menschen beschnüffeln, wollen sie herausfinden, um wen es sich handelt. Sie schaffen das mit derselben Genauigkeit, mit der wir Menschen einen anderen am Gesicht erkennen. Sie merken sich den Geruch, so wie wir uns an Gesichter erinnern. Den schärfsten Geruchssinn aller Hunde haben die Schäferhunde.

Warum haben wir zwei Nasenlöcher?

Der Geruchssinn sagt uns, wonach es riecht und wie stark der Geruch ist. Wir können aber nicht entscheiden, aus welcher Richtung ein bestimmter Geruch kommt. Eigentlich würde ein einziges Nasenloch völlig ausreichen, um Stärke und Art eines Geruchs festzustellen. Warum haben wir also zwei Nasenlöcher, so wie wir zwei Augen und zwei Ohren haben? Vermutlich ist das ein Überrest aus der Entwicklungsgeschichte der Menschen. Unsere affenähnlichen Vorfahren vor vielen Millionen Jahren hatten sicherlich einen besseren Geruchssinn als wir modernen Menschen. Vielleicht konnten sie Gerüche mit beiden Nasenlöchern getrennt wahrnehmen. Wenn der Wind einen Geruch herantrug, trafen die Duftteilchen zuerst auf die Zellen im einen Nasenloch und kamen Bruchteile von Sekunden später im anderen Nasenloch an. Möglicherweise haben die vormenschlichen Lebewesen daraus instinktiv gespürt, aus welcher Richtung der Geruch kam – zum Beispiel der scharfe Geruch eines Raubtieres.

Weshalb wird man vom Essen müde?

Wer viel gegessen hat, fühlt sich anschließend oft müde und schlapp. Denn nun müssen Magen und Darm kräftig arbeiten, um die Speisen zu verdauen. Blut strömt in den Bauch und schafft frischen Sauerstoff heran. Die anderen Organe werden weniger stark durchblutet. Auch dem Hirn fehlt Sauerstoff. Man kann sich schlecht konzentrieren und hat außerdem weniger Kraft in den Muskeln als sonst. Deshalb ist es besser, wenn man sich nach einem üppigen Essen ein wenig ausruht.

Woher kommen Blähungen?

Bei der Verdauung im Darm wird der unverdauliche Rest des Speisebreis aufgespaltet. Der feste Abfall verwandelt sich in Kot (Fäkalien), die unbrauchbare Flüssigkeit in Urin. Bei der Verdauung entstehen auch Gase. Der größte Teil entweicht durch die Darmwände: Das Gas wird vom Blut aufgenommen, in die Lunge transportiert und ausgeatmet. Der Rest der Verdauungsgase entweicht durch den Darmausgang, den After. Das pupst mehr oder weniger laut. Wenn zu viele Gase im Darm entstehen, können sie nicht schnell genug abtransportiert werden. Sie blähen den Darm auf, und man bekommt Bauchschmerzen.

Weshalb bekommt man Bauchschmerzen, wenn man Wasser auf Obst trinkt?

Obst besteht hauptsächlich aus Wasser. Deshalb stillt es auch den Durst so gut. Wenn man nun Wasser auf Obst trinkt, quellen die Früchte im Magen noch weiter auf. Sie saugen zusätzliche Flüssigkeit auf und nehmen immer mehr Platz ein. Gleichzeitig verdünnt das Wasser die sauren Magensäfte, die das Obst zersetzen sollten – sie haben nun nicht mehr genug Säure. Der Früchtebrei bleibt im Magen liegen und kann nicht verdaut werden. Stattdessen beginnt er zu gären, und es entwickeln sich Gase. All das kann dazu führen, dass man tüchtige Bauchschmerzen bekommt. Manchmal hilft sich der Verdauungsapparat, indem er den gegorenen Brei möglichst schnell ausscheidet: Man hat plötzlich Durchfall. Besonders unangenehm ist es, wenn man auf Kirschen und Pflaumen Wasser trinkt. Steinobst, also Früchte mit einem Kern, quillt im Magen noch stärker auf als anderes Obst.

Haben wir auch an den Zehen Fingerabdrücke?

Auf den Fingerkuppen liegen feine Rillen, die ein kompliziertes Muster bilden. Dieses Muster, der Fingerabdruck, ist bei jedem Menschen anders und bleibt das ganze Leben lang gleich. Wir hinterlassen einen Fingerabdruck, wenn wir Gegenstände anfassen; er kann durch bestimmte Methoden sichtbar gemacht werden. Solche Muster haben wir nicht nur an den Fingern, sondern auch an den Zehen.

Weshalb untersucht die Polizei den Tatort nach Fingerabdrücken?

Manchmal kann die Polizei mithilfe von Fingerabdrücken herausfinden, wer eine Straftat begangen hat. Man behandelt die Türklinken oder verschiedene Gegenstände am Tatort mit einem bestimmten Pulver. Es haftet am Schweiß, den die Finger zurückgelassen haben. So werden die Fingerabdrücke jener Menschen sichtbar, die am Tatort irgendetwas mit bloßer Hand angefasst haben. Nun beschafft sich die Polizei die Fingerabdrücke aller Verdächtigen und vergleicht sie mit den Abdrücken am Tatort. Stimmt das Muster am Tatort mit dem Abdruck eines Verdächtigen überein, dann ist der Beweis geliefert, dass er am Tatort war. Die Fingerabdrücke von Kriminellen werden bei der Polizei in einer Kartei gesammelt. Man bewahrt die Abdrücke auch dann noch auf, wenn der Verbrecher wieder in Freiheit ist. Bei einem neuen Verbrechen vergleicht die Polizei die am Tatort gefundenen Fingerabdrücke mit ihrer Kartei. So kann man schnell feststellen, ob ein „alter Bekannter" an der Tat beteiligt war.

Wachsen alle Fingernägel gleich schnell?

Die Nägel an den Fingern wachsen unterschiedlich schnell. Am flinksten sind die Nägel am Ringfinger mit etwa einem Millimeter Wachstum pro Woche. Die anderen Fingernägel wachsen wöchentlich 0,7 Millimeter. Auch zu verschiedenen Jahreszeiten wachsen die Fingernägel unterschiedlich schnell: Im Sommer sprießen sie schneller als im Winter.

Wozu brauchen wir Finger- und Zehennägel?

Der Nagel schützt die empfindliche Oberseite der Fingerkuppen und der Zehenkuppen. In diesem Bereich sitzen sehr viele Nerven. Auch die Menschenaffen haben Finger- und Zehennägel; andere Tiere haben Krallen und Hufe. Bei Tieren werden Nägel, Krallen und Hufe durch den ständigen Gebrauch von selbst abgewetzt. Menschen müssen sich die Nägel schneiden, sonst brechen sie ab.

Warum werden Hände und Füße beim Baden runzelig?

Die Haut ist nicht überall gleich dick; an den Händen und Füßen haben wir eine besonders dicke Haut. Wenn sie längere Zeit ins Wasser getaucht wird, zum Beispiel beim Baden in der Wanne, saugen sich die oberen Hautzellen wie winzige Schwämme mit Wasser voll. Die Haut quillt auf, wird bleich und wirft kleine Falten, die man Runzeln nennt. An anderen Stellen des Körpers ist die Haut dünner. Sie quillt nicht so stark auf und wird deshalb auch nicht runzelig.

Was passiert mit der Flüssigkeit, die wir trinken?

Beim Trinken nehmen wir Flüssigkeit in den Körper auf. Dort verwandelt sich das Wasser, aus dem alle trinkbaren Flüssigkeiten hauptsächlich bestehen, in verschiedene Körperflüssigkeiten. Wasser ist der Grundstoff von Blut, von Speichel, von Tränen und von anderen Körpersäften. Einen Teil der Flüssigkeit, die wir trinken, scheiden wir als flüssigen Abfall wieder aus, als Urin. Ein zweiter wichtiger Weg, auf dem der Körper Flüssigkeiten loswird, ist das Schwitzen. Fast die ganze Haut ist mit Schweißporen übersät. Das sind winzige Ventile, durch die Schweiß austreten kann. An manchen Körperstellen, wie zum Beispiel in den Achselhöhlen, im Nacken und auf der Stirn, gibt es besonders viele Schweißporen. Der Schweiß besteht hauptsächlich aus Wasser und Salz. Daher schmeckt er salzig.

Warum zittern wir bei Kälte?

Alle warmblütigen Lebewesen müssen ihre Körpertemperatur ständig auf einem bestimmten Stand halten. Bei Menschen liegt sie bei 37 Grad Celsius. Ist die Temperatur höher, haben wir Fieber; sinkt sie, leiden wir an Unterkühlung. Gegen das Auskühlen wehrt sich der Körper. Die Muskeln fangen an zu zittern. Ohne dass wir es wollen, ziehen sie sich bei Kälte krampfartig und schnell zusammen und lassen gleich wieder los. Dadurch erzeugen sie Wärme, die uns von innen her etwas aufheizt. Manchmal ist das Zittern so stark, dass es den ganzen Körper schüttelt und sogar die Zähne mitklappern. Dagegen hilft Laufen und Hüpfen. Dabei müssen die

Muskeln arbeiten. Sie werden innerlich warm und müssen nicht mehr zittern.

Warum schwitzen wir bei Hitze?

Menschen schwitzen immer. Sogar im Schlaf sind die Schweißporen tätig und scheiden in der Nacht bis zu einem halben Liter Schweiß aus. Besonders stark schwitzen wir aber bei Hitze oder dann, wenn die Muskeln stark arbeiten müssen. Dann verdunstet der Schweiß auf der Haut. Dadurch kühlt der ganze Körper ab. Der Schweiß schützt uns also vor Überhitzung. Die kühlende Wirkung von Feuchtigkeit bemerkt man sofort, wenn man sich an einem heißen Tag abduscht und sich nicht abtrocknet: Man fröstelt. Die Wassertröpfchen auf der Haut verflüchtigen sich. Diese Verdunstung entzieht dem Körper Wärme, und man kühlt ab. Dasselbe passiert beim Schwitzen.

Warum sträuben sich manchmal die Haare?

Tiere mit einem Pelz plustern sich bei Kälte auf. Die Haare stellen sich auf, der Pelz wird dichter und isoliert besser. Wenn eine Katze aus der Kälte ins Zimmer kommt, sieht sie deshalb viel buschiger aus als an warmen Tagen. Aber auch in gefährlichen Situationen stellen Tiere die Haare auf. Dann wirken sie nämlich größer und bedrohlicher auf Angreifer. Anders als unsere Verwandten im Tierreich haben wir Menschen keinen Pelz mehr. Vor langer Zeit jedoch waren unsere Vorfahren, die affenähnlichen Frühmenschen, dicht behaart. Die Körperbehaarung ist allerdings in vielen tausend Jahren immer spärlicher geworden. Statt dichter Haare haben wir am ganzen Körper einen sehr feinen, fast unsichtbaren Flaum. Bei Gefahr oder bei Kälte sträuben sich aber auch bei uns Menschen die Haare.

Woher kommt die Gänsehaut?

Die Haare stecken in den Haarwurzeln. Wenn wir Angst bekommen oder wenn es kalt ist, stellen kleine Muskeln in der Haut die Haare auf. Das sieht man besonders gut an den Armen und Beinen. Hier besteht die Behaarung aus unzähligen kleinen und feinen Härchen. Die Härchen selbst sieht man nicht. Aber man erkennt, wie sich die Haut rings um die Haarwurzeln zusammenzieht. Dabei entstehen winzige Erhöhungen. Das ist die so genannte Gänsehaut. Es passiert dasselbe wie mit der Katze, der sich bei Gefahr die Haare sträuben. Der Name „Gänsehaut“ kommt daher, dass die menschliche Haut dann ähnlich aussieht wie die Haut einer toten Gans, der man die Federn ausgerupft hat.

Warum können wir einen Sonnenbrand bekommen?

Sonnenstrahlen bestehen aus mehreren unterschiedlichen Arten von Strahlen. Einen Teil davon sehen wir als Sonnenlicht. Einen anderen Teil spüren wir als Wärmestrahlen. Daneben gibt es aber auch noch die so genannten ultravioletten Strahlen, abgekürzt UV-Strahlen. Menschen haben kein Sinnesorgan, mit dem sie diese Art von Strahlung direkt wahrnehmen können. Aber die UV-Strahlen wirken trotzdem auf den Körper. Sie dringen in die Haut ein und zerstören Hautzellen. Das ist der Sonnenbrand. Ein starker Sonnenbrand tut nicht nur weh; er ist für den ganzen Körper schädlich, weil er die Abwehrkräfte schwächt.

Weshalb werden wir in der Sonne braun?

Die menschliche Haut hat ein Abwehrmittel gegen die schädlichen ultravioletten Strahlen. Unter der obersten Hautschicht, der Epidermis, liegen Zellen, die winzige Farbkörperchen erzeugen. Diese dunklen Körnchen oder Pigmente nennt man Melanin. Sie bilden einen Schutzschild gegen die eindringenden UV-Strahlen. Je kräftiger und länger die Sonne auf die Haut scheint, desto mehr Melanin bildet sich. Die Haut wird immer brauner.

Warum bekommen blasse Menschen schneller einen Sonnenbrand?

Leute mit blasser Haut haben wenig Melanin in der Haut und können auch nur wenig erzeugen. Wenn sie sich in der prallen Sonne aufhalten, kommt die Haut mit der Produktion der Schutzstoffe nicht nach. Der

Schutzschild ist zu dünn, und die Haut verbrennt im Sonnenbrand – die oberste Schicht löst sich ab. Menschen mit dunkler Hautfarbe haben mehr Melanin und sind von Natur aus besser geschützt.

Können nur Menschen einen Sonnenbrand bekommen?

Nicht nur Menschen, sondern auch Schweine können einen Sonnenbrand bekommen. Hausschweine haben eine ähnlich empfindliche, ungeschützte Haut wie wir. Ihre wild lebenden Vorfahren und Verwandten, die Wildschweine, tragen ein Haarkleid. Durch jahrhundertelange Züchtung ging dieses schützende Fell verloren, und die Hausschweine haben in der Sonne ähnliche Probleme wie wir Menschen. Wild lebende Tiere mit empfindlicher Haut, zum Beispiel die Nilpferde, schützen sich vor Sonnenbrand, indem sie die heiße Zeit im Schatten oder im Wasser verbringen.

Woher stammen Leberflecke?

Die meisten Menschen haben an verschiedenen Stellen des Körpers kleine oder größere dunkle Flecken, die man Leberflecke nennt. An diesen Stellen haben sich dicht unter der Hautoberfläche viele, winzig kleine Farbkörnchen, die so genannten Pigmente, angesammelt. Sie bleiben ein Leben lang an der gleichen Stelle und verschwinden nicht. Manchmal können sie sogar kleine, dunkle und harte Warzen bilden. Im Alter entstehen immer mehr Leberflecke. Deshalb haben sehr alte Menschen oft eine fleckige Haut auf dem Gesicht und an den Händen.

Entstehen Sommersprossen nur im Sommer?

Die kleinen, dunklen Punkte auf der Haut nennt man Sommersprossen. Sie sind winzige Ansammlungen von Farbkörnchen. Bei Kindern bilden sich Sommersprossen tatsächlich oft im Sommer. Die Sonnenstrahlen bewirken, dass die Haut mehr Melanin-Farbstoff bildet. Im Herbst, wenn die Sonne weniger oft scheint und weniger Kraft hat, verblassen auch die Sommersprossen wieder. Manche Kinder bekommen Sommersprossen auch ohne Sommersonnenschein und behalten sie das ganze Jahr über. Die Pünktchen verschwinden erst, wenn sie erwachsen werden. Dunkelhäutige Kinder bekommen weniger oft Sommersprossen als hellhäutige.

Was geschieht beim Atmen?

Beim Atmen ziehen wir frische Luft in die Lunge ein und stoßen sie als verbrauchte Luft wieder aus. In der Lunge tauschen wir Gase aus: Das in der Luft enthaltene Gas Sauerstoff gelangt in den Körper. Es wird vom Blut aufgenommen, das die Lunge in feinen Adern durchströmt. Das Blut transportiert den Sauerstoff in alle Körperteile. Die Organe und Muskeln verbrauchen den Sauerstoff bei ihrer Arbeit und lassen als Abfall das Gas Kohlendioxid entstehen. Das im Körper kreisende Blut befördert das Kohlendioxid in die Lunge zurück, beim Ausatmen stoßen wir die verbrauchte Luft aus. Wenn wir die Luft anhalten, gelangt kein frischer Sauerstoff ins Blut. Wir bekommen Atemnot. Die Luft, die ein Erwachsener pro Tag ein- und ausatmet, könnte eine ganze Menge von Party-Luftballons füllen: etwa 1000 Stück!

Warum schnaufen wir beim Laufen?

Wenn der Körper angestrengt arbeitet, wird mehr Sauerstoff verbraucht als beim Sitzen oder Schlafen. Damit der Körper ausreichend mit Sauerstoff versorgt wird, muss mehr frische Luft in die Lunge gepumpt werden. Ob wir wollen oder nicht, müssen wir deshalb beim Laufen schneller und tiefer atmen: Wir geraten ins Schnaufen. Später erholt sich der Körper wieder von der Anstrengung, und nach einiger Zeit atmen wir wieder normal. Wenn wir schlafen, atmen wir von selbst langsamer. Der Körper ist in Ruhe und braucht weniger Sauerstoff.

Wie kommt die Luft in die Lunge?

Beim Einatmen strömt die Luft nicht von selbst in die Lunge. Wir müssen sie einsaugen. Das funktioniert so: Zwischen dem Brustkorb und dem Bauch ist quer ein breiter, sehr flacher Muskel gespannt – das Zwerchfell. Wenn es sich nach unten senkt, dehnt sich die darüber liegende Lunge nach unten aus. Sie kann nun mehr Luft fassen, die durch Mund und Luftröhre einströmt. Beim Ausatmen wölbt sich das Zwerchfell nach oben und drückt die Lunge zusammen. Die Luft wird aus der Lunge gedrückt, und wir atmen aus. Wir können die Atmung steuern, wenn wir schneller oder langsamer atmen oder sogar die Luft anhalten; aber nur eine Zeit lang. Wenn wir zu schnell atmen, gelangt zu viel Sauerstoff in die Lunge. Er kann nicht verbraucht werden, und uns wird schwindlig. Wenn wir die Luft zu lange anhalten, verlangt der Körper nach Sauerstoff, und wir schnappen nach Luft.

Wie entsteht der Schluckauf?

Manchmal arbeitet das Zwerchfell nicht so, wie es soll. Es zieht sich schnell und krampfartig zusammen. Die Krämpfe im Zwerchfell drücken die Lunge zusammen. Die Luft wird aus der Lunge in die Luftröhre hochgepresst. Wenn sich in diesem Augenblick die Luftröhre im Bereich der Stimmbänder verschließt, entsteht der Schluckauf. Etwas Luft dringt durch und erzeugt das „Hicks"-Geräusch. Schluckauf entsteht meistens, wenn die Magennerven gereizt werden. Das kann geschehen, wenn man etwas Heißes oder etwas Kaltes isst oder auch zu viel auf einmal. Dann krampft sich das Zwerchfell zusammen.

Was kann man gegen Schluckauf unternehmen?

Ein länger dauernder Schluckauf kann eine lästige Sache sein. Es gibt verschiedene Methoden, um ihn loszuwerden. Oft vergeht der Schluckauf, wenn man ein Glas Wasser trinkt und sich dabei die Nase zuhält. Eine andere Möglichkeit ist diese: Man hält die Luft so lange wie nur möglich an. Meistens verschwindet dann der Schluckauf. Wenn nicht, hilft nur abwarten.

Was geschieht beim Gähnen?

Wenn wir müde sind oder uns langweilen, müssen wir manchmal gähnen. Das geschieht automatisch, ob wir es nun wollen oder nicht. Beim Gähnen holen wir tief Atem und transportieren eine Menge frischen Sauerstoff in die Lunge. Das Blut bringt den Sauerstoff ins Gehirn, und wir fühlen uns wieder ein wenig frischer. Merkwürdigerweise ist Gähnen eine ansteckende Sache. Wenn in einer Runde jemand zu gähnen beginnt, fangen sicher gleich andere auch damit an. Oft genügt es sogar, wenn man etwas über das Gähnen liest. (Hast du eben gegähnt?)

Wie viel Schlaf braucht der Mensch?

Das hängt von seinem Alter ab. Babys schlafen im Durchschnitt 15 Stunden am Tag, Vierjährige zwölf Stunden und Erwachsene sieben bis neun Stunden. Ältere Menschen kommen mit ein paar Stunden Schlaf aus. Im Schlaf erholt sich der ganze Körper. Die Muskeln und Organe, das Gehirn und das Nervensystem können sich nach den Anstrengungen des Tages regenerieren. Wie viel Schlaf jemand braucht, ist von Mensch zu Mensch verschieden. Manchen reicht es, wenn sie täglich nur vier Stunden schlafen. Andere brauchen neun oder zehn Stunden, um sich frisch zu fühlen.

Was geschieht, wenn wir träumen?

Im Schlaf arbeitet unser Gehirn weiter. Im Traum erleben wir oft Dinge, die im wirklichen Leben gar nicht geschehen können. Meist spielen dabei Menschen und Dinge eine Rolle, denen wir tagsüber begegnet sind. Auch Dinge, die wir uns wünschen oder vor denen wir uns fürchten, können uns im Traum begegnen. Oft sind die Träume so stark, dass wir im Schlaf sprechen. Früher glaubte man, dass im Traum Gott zu den Menschen spricht oder dass die Seele wichtige Dinge mitteilt. Man versuchte, aus den Träumen bestimmte Botschaften herauszulesen.

Träumen wir in jeder Nacht?

Manchmal erinnern wir uns morgens an nächtliche Träume, manchmal nicht. Aber geträumt haben wir auf jeden Fall. Das weiß man, weil sich beim Träumen die Augäpfel hinter den geschlossenen Lidern bewegen – gerade so, als würde der Träumer in der Gegend herumgucken. Ob wir uns erinnern, hängt davon ab, wie viel Zeit zwischen dem Traum und dem Aufwachen vergangen ist.

Wie kommt es, dass die Beine einschlafen können?

Wer zu lange in einer unbequemen Stellung bleibt, beispielsweise auf dem Boden hockt, verspürt manchmal ein taubes Gefühl in den Beinen. Wenn man aufsteht, kribbelt es, und man kann nicht richtig auftreten: Das

Bein ist eingeschlafen. Aber natürlich ist es nicht wirklich eingeschlafen; schlafen kann nur der ganze Mensch. Doch beim Hocken hat das Gewicht des Körpers auf Nervenbahnen und Blutgefäße gedrückt, die am Bein zwischen Haut und Knochen laufen. An diesen Stellen, zum Beispiel am Schienbein oder am Spann auf der Oberseite des Fußes, gibt es wenig Fleisch, das den Druck auf Nerven und Adern dämpfen könnte. In den Füßen funktioniert der Blutkreislauf nicht richtig, und die Nerven können die Signale nicht gut weiterleiten. Es kribbelt, und die Beine fühlen sich merkwürdig an – so, als ob sie einem gar nicht gehören würden. Wenn man aufsteht, dauert es einige Zeit, bis alles wieder normal funktioniert. Durch Massieren kehrt das gewohnte Gefühl schneller zurück.

Wie lange braucht das Blut für eine Reise durch den Körper?

Das Blut in den Blutgefäßen im menschlichen Körper ist ständig in Bewegung, es fließt mit einer Höchstgeschwindigkeit von einem Stundenkilometer. Mit diesem Tempo ist es allerdings nur in der Nähe des

Herzens unterwegs; in den Blutgefäßen der Arme und Beine fließt es viel langsamer.

Eine Blutzelle braucht etwa eine Minute, um eine komplette Reise durch den Körper zurück zum Herz zu machen. Bei Anstrengung pumpt das Herz allerdings noch viel schneller; dann fließt das Blut auch rascher. Die Blutgefäße (mit den Adern, den Arterien, Venen und feinen Kapillargefäßen) sind weit verzweigt und bilden ein kompliziertes Netz. Wenn man alle hintereinander legen würde, käme man auf eine Gesamtstrecke von nicht weniger als 100 000 Kilometern!

Wie viele Haare hat ein Mensch?

Menschen haben durchschnittlich fünf Millionen Haare. Die allermeisten Haare sind winzige, fast unsichtbare Härchen, die fast die gesamte Körperoberfläche bedecken. Auf dem Kopf haben wir nur etwa 100 000 Haare. Blonde Menschen haben durchschnittlich 140 000 Kopfhaare, rothaarige nur 90 000. Dazwischen liegen mit 100 000 Haaren die dunkelhaarigen Menschen.

Wie oft schlägt das Herz pro Minute?

Bei Frauen schlägt das Herz schneller als bei Männern. Männer haben eine Pulsfrequenz von durchschnittlich 70 Schlägen pro Sekunde, Frauen von 80; bei Kindern liegt sie um 140. Bei körperlicher Anstrengung schlägt das Herz schneller. Die Muskeln brauchen mehr Sauerstoff, und die Herzpumpe muss deshalb das Blut schneller kreisen lassen. Auch bei Gefahr und Aufregung fängt das Herz zu rasen an. Das Gehirn muss gut durchblutet werden, damit der Mensch schnell reagieren kann.

Rund um uns herum

Warum bleibt ein Kreisel aufrecht, solange er sich dreht?

Dinge, die in Schwung versetzt werden, behalten diesen Schwung so lange bei, bis sie von außen abgebremst werden. Diese Eigenschaft von Körpern nennt man Trägheit. Wenn man einen Kreisel in schnelle Drehung versetzt, dreht er sich eine ganze Weile weiter und behält dabei seine Lage bei. Dann verliert er langsam an Geschwindigkeit. Schuld daran ist seine Reibung an der Luft und an jener Stelle, wo sich die Spitze am Boden dreht. Wenn der Kreisel zu langsam geworden ist, beginnt er zu schwanken und fällt schließlich um. Die Kraft, die ihn aufrecht hält, verringert sich gemeinsam mit der Drehgeschwindigkeit. Kreisel sind ein uraltes Kinderspielzeug. Es gibt sie in aller Welt.

Warum hüpfen Bälle?

Die meisten Bälle sind prall mit Luft gefüllt. Luft ist elastisch. Das heißt, sie lässt sich zusammendrücken. Wenn der Druck nachlässt, dehnt sie sich wieder aus. Und genau das passiert, wenn ein Ball aufspringt. Im Augenblick des Aufpralls presst der Druck die Luft im Ball zusammen. Dieser Moment ist so kurz, dass man den Vorgang mit bloßem Auge gar nicht mitbekommt; nur bei Zeitlupenaufnahmen kann man es sehen: Die Wucht des Aufpralls erzeugt eine Delle im Ball. Im nächsten Moment ist der Ball gestoppt, und die Wucht ist verloren. Die Luft im Ball dehnt sich nun wieder aus. Sie buchtet die Delle sehr schnell aus. Dabei wird der Ball wie von einer Sprungfeder hochgeschnellt. Wenn der Ball nicht genügend Luft hat, springt er daher schlecht.

Warum springt ein Ball auf einem dicken Teppich schlechter als auf hartem Boden?

Wenn wir den Ball auf einem weichen Boden aufspringen lassen, zum Beispiel auf einem dicken Teppich oder auf dem Rasen, hüpft er längst nicht so gut wie auf einem harten Holzboden. Das hat folgenden Grund: Beim Aufprall auf einem weichen Boden wird der Ball langsam abgebremst. Die Fasern des Teppichs oder die Gräser geben nach. Es gibt einige Millimeter „Bremsweg“. Die Wucht des Aufpralls buchtet dabei den Teppich oder den Rasen ein und nicht den Ball. Die Teppichfasern oder die Gräser sind nicht so elastisch wie der Gummi. Sie können den Ball nicht zurückschnellen.

Warum tut ein „Bauchklatscher" ins Wasser so weh?

Wer schon einmal vom Sprungbrett flach ins Wasser geklatscht ist, weiß, wie weh das tun kann. Die Wasseroberfläche wirkt im Moment des Aufpralls hart. Wasser – und andere Flüssigkeiten – sind nämlich nicht elastisch; man kann sie nicht wie Luft zusammendrücken. Bei einem Bauchklatscher trifft eine große Fläche mit ziemlicher Geschwindigkeit auf das Wasser. Die Wasserteilchen müssen Platz für den eintauchenden Körper machen. Aber es braucht Zeit, bis sie sich in Bewegung setzen. Bis dahin setzen sie dem Wasserspringer harten Widerstand entgegen. Und das tut weh. Ungeschickte Sprünge aus großer Höhe können sogar gefährlich sein. Anders sieht es bei einem geglückten Kopfsprung aus. Die Fläche, die auf die Wasseroberfläche auftrifft, ist hier viel kleiner als bei einem Bauchklatscher. Die Hände und der Kopf tauchen so ins Wasser, dass sie die Wasserteilchen beiseite schieben.

Warum bricht Glas so leicht?

Glas und anderes hartes Material bricht, wenn man es unter starken Druck setzt. Dieser Druck kann zum Beispiel von einem Ball kommen, der auf eine Fensterscheibe prallt, oder von der Schwerkraft, die ein Wasserglas auf den Boden fallen lässt. Spröde Dinge wie Glas verformen sich nur wenig. Sie brechen und splittern, anstatt wie Gummi in ihre ursprüngliche Form zurückzukehren.

Was ist ein plastischer Stoff?

Bestimmte Stoffe kann man biegen und formen, ohne dass sie entweder brechen oder wieder ihre frühere Form annehmen. Solche Stoffe nennt man „plastisch“ . Dieses Fremdwort bedeutet „formbar“. Das dazugehörige Hauptwort „Plastik“ steht zum einen für einen Kunststoff, den man in eine gewünschte Form bringen kann, zum anderen für ein Kunstwerk, das ein Bildhauer formt, etwa eine Statue. Feuchten Ton zum Beispiel kann man kneten, wie man will. Eine Tonkugel, die zu Boden fällt, bekommt eine Delle, die dann bestehen bleibt. Wenn man aber Ton im Brennofen erhitzt, verliert er seine Formbarkeit. Er wird stabil und spröde. Gebranntes Tongeschirr kann man nicht mehr formen. Wenn man es biegen will, bricht es.

Hat die Luft ein Gewicht?

Die Luft, die uns umgibt, ist ein Gemisch verschiedener Gase – darunter Sauerstoff, den wir zum Leben brauchen. Auch Gase, sowenig wir uns das vorstellen können, haben ein Gewicht. Das Gewicht, mit dem die Luft auf uns drückt, nennt man den Luftdruck. Wir spüren das Gewicht der Luft deshalb nicht, weil sie von allen Seiten mit gleich starker Kraft auf uns drückt und in unserem Körper der gleiche Luftdruck wie außen herrscht. Dass Luft aber etwas wiegt, merken wir nur, wenn wir ihr Gewicht mit dem anderer Gase vergleichen.

Warum steigen manche Luftballons in die Luft?

Der Ballon steigt aus demselben Grund, aus dem auch ein Stück Holz aus dem Wasser aufsteigt: Holz ist leichter als das Wasser, in dem es schwimmt, und der Heliumballon ist leichter als die Luft, in der er fliegt. Ein Luftballon, den wir selbst aufblasen, ist hingegen nicht leichter als die Luft. Er ist ja mit Atemluft gefüllt, die das gleiche Gewicht hat wie die Luft um uns herum. Zusammen mit dem Gewicht des Ballongummis ist er sogar schwerer als Luft. Wir müssen einen solchen Ballon hochschubsen, damit er eine Zeit lang schwebt. Dann sinkt er langsam wieder zu Boden.

Was passiert mit einem Ballon, den man steigen lässt?

Ein Heliumballon kann so hoch in die Luft steigen, dass wir ihn mit bloßem Auge nicht mehr sehen können. Doch auch er bleibt nicht ewig in der Luft. Wahrscheinlich wird er irgendwann zerplatzen.

Das hat folgenden Grund: In Erdnähe ist der Luftdruck größer als in den höheren Luftschichten. Je weiter der Ballon aufsteigt, desto geringer ist der Druck, der ihn umgibt. Der Innendruck – das ist der Druck, den das Heliumgas von innen auf die Ballonhülle ausübt – bleibt aber gleich. Dem Gas im Ballon fehlt der äußere Gegendruck, und der Ballon bläht sich immer stärker auf. Die Ballonhaut dehnt sich weiter aus, schließlich kann sie platzen. Wenn man einen Ballon weniger stark mit Gas füllt, hat er bessere Chancen, vom Wind weite Strecken durch die Luft getragen zu werden. Dann ist der Innendruck nicht stark genug, um ihn platzen zu lassen. Doch mit der Zeit verliert er Gas durch die winzigen Poren in der Ballonhülle und sinkt schließlich zur Erde.

Wo spürt man, dass warme Luft aufsteigt?

Um einen Ballon steigen zu lassen, braucht man ein Gas, das leichter ist als die Luft in der Umgebung. Man kann Heliumgas verwenden, aber auch warme Luft. Sie ist leichter als kalte Luft und steigt daher nach oben. Das spürt man zum Beispiel, wenn man in einem geheizten Raum auf eine Leiter klettert. Dicht unter der Zimmerdecke ist es wärmer als am Boden. Dort oben sammelt sich die warme Luft.

Wie funktioniert ein Heißluftballon?

Diesen eben beschriebenen Effekt machen sich Heißluftballons zu Nutze. Das sind riesige Ballons, die unten offen sind. Unter der Öffnung hängt ein Fahrerkorb, in dem sich eine Art Gasherd befindet. Der Fahrer zündet den Gasbrenner an, und die Flammen heizen die Luft unter der Ballonöffnung auf. Die Luft im Ballon wird leichter als die Luft außerhalb des Ballons. Sie steigt auf und zieht den Heißluftballon mit hoch.

Wie kann man einen Heißluftballon steuern?

Ballons haben keinen eigenen Antrieb. Sie fliegen immer mit dem Wind und gleiten genauso schnell dahin, wie der Wind weht. Im Korb selbst ist es windstill. Jeder Windstoß nimmt den ganzen Ballon mit. Wie schnell er unterwegs ist, sieht der Ballonfahrer an der Landschaft, die unter ihm weggleitet. Weil nun der Wind alleine die Fahrtrichtung bestimmt, muss sich der Pilot vor der

Fahrt genau nach den Windverhältnissen und nach dem Wetterbericht erkundigen. Nur die Fahrthöhe kann er selbst bestimmen. Wenn er aufhört, die Luft im Heißluftballon aufzuheizen, kühlt sie langsam, aber sicher aus. Der Temperaturunterschied zwischen der Luft in der Umgebung und der Luft im Ballon wird kleiner und die Auftriebskraft geringer: Der Ballon sinkt. Wenn der Fahrer seinen Gasbrenner stärker aufdreht, wird die Luft im Ballon wärmer und leichter: Der Ballon steigt höher.

Warum ducken sich Rennradfahrer?

Wie stark Luft bremsen kann, merken wir beim Radfahren. Wenn die Straße bergab geht, werden wir eine Zeit lang immer schneller. Wir können das Rad einfach laufen lassen, und die Schwerkraft zieht uns den Berg hinunter. Irgendwann aber hören wir auf, immer schneller zu werden. Die Luft ist im Weg. Sie hält uns zurück, und es braucht Kraft, sie wegzudrücken. Wenn wir uns aufrichten, spüren wir einen stärkeren Luftwiderstand, denn Brust und Kopf bilden eine große Fläche. Diese Fläche ist kleiner, wenn wir uns auf dem

Fahrrad ducken. Rennradfahrer machen sich also möglichst klein und windschlüpfrig. Sie beugen sich über den Lenker, um den Luftwiderstand gering zu halten. So müssen sie weniger Luft beiseite schieben.

Warum fallen Fallschirmspringer so langsam zu Boden?

Der Luftwiderstand sorgt dafür, dass ein Fallschirm so langsam zu Boden fällt, dass der Springer mit heilen Knochen davonkommt. Der Fallschirm bildet eine riesige Fläche und hat daher einen hohen Luftwiderstand. Beim Fallen muss er eine große Menge von Luftteilchen wegdrücken. Das bremst den Fall stark ab. Ohne Fallschirm würde ein Springer wie ein Stein zu Boden stürzen. Und ohne Luft wäre auch ein Fallschirm völlig nutzlos. Ein Fallschirmspringer auf dem Mond würde genauso schnell zu Boden fallen wie ein Springer ohne Schirm.

Aus welchem Fluggerät sprang der erste Fallschirmspringer ab?

Der allererste Fallschirmspringer, von dem wir wissen, sprang vor etwa 200 Jahren aus einem Heißluftballon zur Erde. Damals waren Ballons die einzigen brauchbaren Luftfahrzeuge. Fallschirmspringer müssen aus großen Höhen abspringen, weil der Schirm Zeit braucht, um sich zu öffnen und den Fall zu bremsen. Zwar hatte man Fallschirme schon lange vorher gekannt, doch hatten sich sämtliche Türme als zu niedrig erwiesen. Den ersten Absprung aus einem Flugzeug gab es dann im Jahr 1912.

Könnten Astronauten mit einem Fallschirm auf die Erde zurückspringen?

Theoretisch wäre das schon denkbar: Anstatt einen Astronauten mit einem Raumtransporter zurück zur Erde zu transportieren, könnte man ihn von der Raumstation aus ein Stück Richtung Erde katapultieren. Dann würde sich sein Fallschirm öffnen, und er könnte sicher auf der Erdoberfläche landen. Doch so ein Vorhaben würde für den Astronauten trotz Schutzanzug und Fallschirm tödlich enden. Der Raumfahrer würde mit so großer Geschwindigkeit in die Erdatmosphäre eintauchen, dass er wie eine Sternschnuppe verglühen würde – noch bevor der Fallschirm den Flug bremsen könnte. Allerdings arbeitet man an der Entwicklung von Raumanzügen, die den Astronauten vor der glühenden Hitze schützen sollen. Wenn das eines Tages gelingt, könnten Astronauten tatsächlich vom Weltraum auf die Erde springen.

Warum haben Fallschirme ein Loch in der Kuppel?

Die ersten Fallschirm-Modelle waren wie riesige Schirmdächer gebaut. Sie bremsten zwar den Fall, ließen den Springer aber wild hin- und herpendeln. Die vom Schirm gefangene Luft strömte einmal auf dieser, dann wieder auf jener Seite ab. Eine Öffnung in der Kuppel des Fallschirms verhindert das. Ein Teil der Luft strömt oben aus und sorgt dafür, dass der Schirm nicht schwanken kann.

Gibt es auch in der Natur Fallschirme?

In der Natur gibt es viele Beispiele, wie Pflanzen den Luftwiderstand nutzen, um sich zu vermehren. Pflanzen sind ja in der Erde festgewachsen und können nicht herumlaufen wie die Tiere. Sie müssen ihren Samen auf anderen Wegen verbreiten. Das beste Beispiel dafür ist der Löwenzahn, die Pusteblume. Ihre kleinen Samen hängen an federleichten, fallschirmartigen Gebilden. Der Wind kann sie leicht von der Blume wegtragen. Dann schweben die Samen weit übers Land. Die Samen des Ahornbaums wiederum haben Flügelblätter, die sie lange in der Luft halten. Der Samen der Linde hängt an zwei Blättchen, die wie Propeller aussehen und sich im Flug drehen. All diese Vorrichtungen bremsen den Fall, und der Samen fällt weit weg von der Mutterpflanze auf den Boden. Wenn die Erde fruchtbar ist, wächst dort ein neuer Löwenzahn, ein junger Ahornbaum oder eine kleine Linde.

Wie funktioniert eine Wasserpistole?

Eine Wasserpistole ist eine Art Pumpe. Sie hat einen Wasserbehälter, einen Kolben und ein Spritzloch, die

Düse. Wenn man den Kolben in den Wasserbehälter hineindrückt, sucht sich das Wasser einen Ausweg und schießt durch das Spritzloch ins Freie. Wasser ist nämlich nicht elastisch wie Luft. Es lässt sich nicht zusammenpressen. Genau die Menge Wasser, die vom Kolben im Tank verdrängt wird, spritzt durch die Düse ins Freie. Es gibt sehr viele und teilweise recht komplizierte Modelle von Spritzpistolen. Bei den meisten stößt der Finger den Kolben mit dem Abzug in den Wassertank. Bei manchen Modellen wird zuerst Luft zusammengedrückt, die dann – wie eine gespannte Feder – das Wasser mit hohem Druck aus der Spritzpistole presst.

Warum kann man mit einem Schlauch so weit spritzen?

Wenn das Spritzloch klein ist, schießt das Wasser mit großer Geschwindigkeit aus der Pistole oder aus dem Gartenschlauch. Die Wasserteilchen drängeln sich mit hohem Tempo durch die Öffnung. Sie behalten ihren Schwung bei, und der Wasserstrahl reicht weit. Bei einem großen Spritzloch würde das Wasser nicht herausspritzen, sondern langsam herausfließen. Das kann man mit einem Gartenschlauch gut ausprobieren. Wenn die Düse weit geöffnet ist, fließt ein dicker Strahl aus dem Schlauch. Verschließt man die Düse so, dass nur eine kleine Öffnung bleibt, spritzt der Strahl weit in die Gegend.

Was ist der Rückstoß?

Wenn wir einen Gartenschlauch aufdrehen und nicht festhalten, spritzt und tanzt er wild in der Gegend herum. Die Kraft, die ihn bewegt, nennt man den Rückstoß. Jeder Gegenstand, der etwas wegstößt oder ausstößt, wird selbst in die Gegenrichtung gestoßen. Der Rückstoß bewegt den Schlauch, aus dem Wasser spritzt. Er schießt auch einen aufgeblasenen Luftballon herum, wenn man die Luft aus der Öffnung entweichen läßt. Und wer sich von einem Boot aus abstößt und ins Wasser springt, stößt damit das Boot in die Gegenrichtung.

Wie funktioniert ein „Raketenballon"?

Wenn man einen Luftballon aufbläst, das Loch aber nicht verschließt und den Ballon loslässt, zischt er los. Die elastische Ballonhaut zieht sich zusammen, stößt dabei Luft aus und wird durch den Rückstoß in die Gegenrichtung getrieben. Der Rückstoß treibt auch eine Rakete oder ein Düsenflugzeug an, aus deren Düsen heiße Gase schießen. Der Feuerstrahl entfernt sich in die eine Richtung und stößt Rakete oder Jetflugzeug in die andere.

Wie funktioniert ein Feuerwerkskörper?

Bei einem Feuerwerk zischen die Raketen hoch in die Luft. Dort explodieren sie und verglühen in einem bunten Farbenschirm. Eine Feuerwehrrakete hat also zwei verschiedene Ladungen. Die Treibladung besteht aus Sprengstoff, der die Rakete hoch in den Himmel steigen lässt. Dort zündet die zweite, die Leuchtladung: Sie sprengt den Kopf der Rakete auseinander. Dabei sausen winzige Metallteilchen auseinander. Sie glühen in den verschiedensten Farben. Oft gibt es nicht nur beim Abschuss der Rakete, sondern auch beim Auseinanderplatzen der Leuchtladung krachende, zischende und pfeifende Geräusche.

Warum hat eine Schere so viel Kraft?

Eine Schere besteht aus zwei Messerklingen, die miteinander an einem drehbaren Punkt verbunden sind. Auf der anderen Seite befinden sich die Griffe. Wenn man sie zusammendrückt, werden auch die beiden Klingen zusammengeschoben. Sie berühren sich beim Schneiden immer nur an einem Punkt. Hier reiben sie mit großer Kraft aneinander. Wenn ein Blatt Papier dazwischen liegt, wird es auseinander geschnitten. Die Sache funktioniert ähnlich wie eine Zange. Auch hier kann man mit einem leichten Druck am langen Zangengriff ziemlich fest zupacken. Weil die Schere beim Schneiden immer nur an einem Punkt zugreift, kann man das Papier um diesen Punkt drehen und damit saubere Kreise ausschneiden.

Welche Farbe hat das Licht der Sonne?

Das Sonnenlicht erscheint uns farblos oder weiß. Trotzdem besteht es aus den verschiedensten Farben. Das erkennen wir beispielsweise an einem Regenbogen: Wenn die Sonne in den Regen scheint, wird das Licht von den Wassertropfen in seine bunten Bestandteile aufgeteilt.

Dabei erkennen wir alle Farben des Regenbogens. Auch mit einem Prisma, einem sechseckigen Glaskörper, lässt sich das Sonnenlicht in seine vielfarbigen Bestandteile aufspalten. Diese Hauptfarben sind Rot, Orange, Gelb, Grün, Blau und Violett. Alle Farbtöne, die wir erkennen können, sind aus diesen so genannten Spektralfarben zusammengemischt.

Können wir alles sehen, was es im Weltraum gibt?

Die allermeisten Himmelskörper sind so weit entfernt, dass wir das von ihnen ausgesandte Licht mit bloßem Auge gar nicht wahrnehmen können. Sie erscheinen dem Auge viel zu klein. Teleskope sammeln ihr Licht und lassen uns tiefer in den Weltraum blicken bis in die unvorstellbare Entfernung von 10 Milliarden Lichtjahren. Doch auch für die größten Fernrohre gibt es Grenzen. Die am weitesten entfernten Himmelskörper kennen wir nur von den Funksignalen, die sie aussenden.

Weshalb leuchtet der Mond?

Der Mond ist ein toter Himmelskörper, der die Erde umkreist und selbst nicht leuchtet. Trotzdem scheint er in manchen Nächten und spendet bei Vollmond sehr viel Licht. Das Mondlicht ist in Wirklichkeit geborgtes Sonnenlicht. Wenn der Mond nachts am Himmel steht, befindet sich die Sonne auf der anderen Seite der Erde. Deshalb erreichen uns die Sonnenstrahlen in der Nacht nicht. Doch an der Erde vorbei bescheint die Sonne den Mond. Die Sonnenstrahlen werden von der Mondoberfläche zurück in den Weltraum geworfen und erreichen auch die nächtliche Erde.

Warum kann man sich im Spiegel selbst sehen?

Alles, was wir sehen, erblicken wir deshalb, weil die Gegenstände Lichtstrahlen aussenden. Die Sonne oder eine Lampe strahlt Licht direkt aus. Andere Gegenstände borgen sich das Licht wie der Mond. Sie werfen die Lichtstrahlen, die auf sie auftreffen, zurück – so ähnlich, wie eine Wand einen Ball zurückprallen lässt. Mit den

Augen fangen wir die Lichtstrahlen auf, und das Gehirn macht daraus ein Bild des Gegenstandes. Manchmal fällt das Bild eines Gegenstandes auf einen Spiegel. Das ist eine glatte Fläche, welche die Lichtstrahlen sauber und gerade zurückwirft. Im Spiegel sehen wir deshalb das gespiegelte Abbild des Gegenstandes. Wenn wir uns beim Zähneputzen bei Licht im Spiegel beobachten, geschieht Folgendes: Das Licht fällt auf das Gesicht. Das Gesicht sendet die Lichtstrahlen in den Spiegel. Der Spiegel sendet die Lichtstrahlen zurück. Und wir sehen uns selbst.

Wieso spiegelt ein Teich nur bei Windstille?

Viele glatte Flächen wirken wie Spiegel. Vor einem Teich stehend, sehen wir die Bäume am anderen Ufer doppelt: einmal, wie sie wirklich sind, und einmal im Wasser gespiegelt. Das funktioniert aber nur bei Windstille. Dann ist die Wasseroberfläche glatt genug, um ein gutes Spiegelbild zu liefern. Sobald Wind aufkommt, kräuselt sich die Oberfläche. Die vielen winzigen Wellen schicken das Licht in alle möglichen Richtungen, und das Bild der Bäume am anderen Ufer zerfließt und verschwindet.

Was sehen wir in einem Spiegel?

Bilder im Spiegel liefern stets ein verkehrtes Bild. Im Spiegelbild, das der Teich von den Bäumen liefert, stehen die Bäume auf dem Kopf. Auch wenn man ein geschriebenes Wort oder eine Uhr im Spiegel anschaut, erscheint alles umgekehrt. Die Schrift läuft ebenso verkehrt herum wie der Zeiger der Uhr. Auch ein Gesicht erscheint im Spiegel seitenverkehrt. Aber das fällt uns normalerweise nicht auf, weil die beiden Seiten des Gesichtes einander sehr ähnlich sehen. Wir merken das erst, wenn wir uns zum Beispiel einen Punkt auf die rechte Wange malen. Wenn wir in den Spiegel gucken, sieht es aus, als hätten wir den Punkt auf der linken Wange.

Wie arbeitet ein Fotoapparat?

Moderne Fotoapparate sind komplizierte Geräte, die aber alle auf einem einfachen Prinzip beruhen. Im Inneren des Fotoapparates befindet sich eine lichtempfindliche Folie, der Film. Wenn ein kleines Loch im Gehäuse geöffnet wird, fallen für kurze Zeit Lichtstrahlen auf den Film. Sie kommen vom Gegenstand, auf den der Apparat gerichtet ist. Die verschiedenen Farben des einfallenden Lichtes lösen chemische Reaktionen auf dem Film aus. Man könnte sagen, sie brennen das Bild ein. Der Film ist im Fotoapparat auf einer Spule aufgerollt. Nur in dem kurzen Moment, in dem das Foto geschossen wird, ist er dem Licht ausgesetzt und fängt das Bild auf. Wenn man die Filmspule bei Licht ausrollt, werden alle Fotos zerstört. Erst im Fotolabor wird der Film entwickelt, und es können daraus nun fertige Fotos gemacht werden.

Warum blicken die Leute auf alten Fotos so starr in die Kamera?

Bei den frühen Fotografen mussten die Modelle eine Minute lang regungslos sitzen, bis das Filmmaterial jener Zeit belichtet war. Wenn man sich bewegte oder auch nur zwinkerte, wurde das Bild unscharf – daher kommen die starren Posen. Besonders unangenehm war die Sache für Kinder. Sie konnten nicht gut so lange stillsitzen, und der Fotograf musste den Versuch häufig wiederholen. Deshalb verlangte er für Porträts von Kindern auch mehr Geld als für Bilder von Erwachsenen.

Wieso kann ein Staubsauger Staub saugen?

In einem Staubsauger arbeitet ein Ventilator. Das ist ein motorbetriebenes Windrad, das Luft in eine bestimmte Richtung bläst; hinter dem Ventilator entsteht dadurch ein Sog. Im Staubsauger saugt der Ventilator also Luft durch den Schlauch an. Der Sog an der Düse des Schlauchs reißt mit der Luft auch Schmutz und Staub mit. Dann wird die schmutzige Luft in einen Staubbeutel geblasen, der im Gehäuse eingespannt ist. Die Poren des Staubsaugerbeutels lassen die Luft durchströmen, filtern aber Staub und Schmutz heraus. Während die schmutzige Luft durchströmt, verfangen sich Staubteilchen und füllen mit der Zeit den Beutel. Auf diese Weise lässt sich Schmutz bequem auch aus Ecken und aus den feinen Poren von Teppichen entfernen.

Woraus bestehen die Kondensstreifen von Flugzeugen?

Hauptsächlich aus Wasser. Flugzeuge stoßen mit den Abgasen der Triebwerke aber auch große Mengen winzigster Rußteilchen aus. Wenn sie in großen Höhen durch die kalte, klare Luft fliegen, setzen sich an den Rußteilchen die in der Luft enthaltenen winzigen Wasserteilchen fest: Die Wasserteilchen kondensieren, d. h. sie verdichten sich. So zieht das Flugzeug einen Kondensstreifen hinter sich her, der sich bald wieder auflöst.

Wieso steigt das Fieberthermometer bei Fieber?

Wie sich Stoffe bei Erwärmung ausdehnen, sieht man am besten beim Fieberthermometer. In dem Röhrchen befindet sich Quecksilber. Das ist ein Metall, das schon bei Zimmertemperatur flüssig ist. Je stärker das Thermometer erwärmt wird, zum Beispiel durch die Körperwärme, desto stärker dehnt es sich aus und steigt in einem Glasröhrchen hoch. Das funktioniert so exakt, dass man am Grad der Ausdehnung die genaue Körpertemperatur ablesen kann.

Kocht Wasser überall bei gleicher Temperatur?

Wasser kocht bei 100 Grad Celsius – aber nicht überall auf der Welt, sondern nur auf Meereshöhe. Der Siedepunkt des Wassers ist nämlich vom Luftdruck abhängig. (Der Siedepunkt ist die Temperatur, bei der Wasser vom flüssigen in den gasförmigen Zustand übergeht, also zu kochen beginnt und sich in Wasserdampf verwandelt.) Im norddeutschen Flachland verwandelt sich Wasser bei exakt 100 Grad in Wasserdampf im tibetischen Hochland, wo geringer Luftdruck herrscht, schon bei weniger als 90 Grad. Dort kocht Wasser früher, wird aber nicht so heiß wie im Tiefland. Für die tibetischen Köche ist das nicht gerade angenehm. Sie müssen zum Beispiel ihren Gerstenbrei viel länger kochen lassen, bis er endlich gar ist – aus dem schlichten Grund, weil das Wasser einfach nicht heiß genug wird.

Warum donnert es bei einem Gewitter?

Wenn es blitzt, entladen sich große Mengen Elektrizität zwischen zwei Wolken oder zwischen einer Wolke und der Erde. Im Zentrum des Blitzes, im Blitzkanal, wird die Luft auf mehrere tausend Grad aufgeheizt. Dieser

Kanal ist nur ein paar Zentimeter stark, aber oft hunderte Meter lang. Die Luft dehnt sich hier wie bei einer Explosion aus, und diese Luftexplosion ist es, die wir als Donner hören.

Woraus wird Gummi gemacht?

Gummi oder Naturkautschuk besteht aus dem getrockneten Milchsaft bestimmter tropischer Bäume. Sie werden angeritzt, um den Saft in Bechern auffangen zu können. Er wird mit Säuren behandelt und in die gewünschte Form gebracht. Den auf diese Weise gewonnenen Naturkautschuk nennt man auch Latex. Kautschukbäume, die Gummi spenden, stammen aus Südamerika; die Ausfuhr ihrer Samen war lange Zeit unter Todesstrafe gestellt. Heute wird Gummi auch in den tropischen Ländern Asiens und Afrikas gewonnen. Die Indios waren die ersten Menschen, die Gummi verwendeten. Sie spielten mit Gummibällen, stellten Gummiflaschen her und wateten sogar in Gummistiefeln durch den Urwald. Die Europäer lernten Gummi dann erst bei der Eroberung Südamerikas kennen. Heute stellt man gummiartige Stoffe auch künstlich her.

Warum dämpfen Gummireifen beim Fahren die Stöße?

In Europa wurde Gummi als Werkstoff erstmals vor 200 Jahren benutzt. Man verwendete ihn zur Herstellung von Regenbekleidung oder Schläuchen. Erst vor etwas mehr als 100 Jahren, im Jahr 1888, kam man auf den Gedanken, luftgefüllte Gummischläuche auf Räder zu montieren, um damit die Stöße bei der Fahrt über die seinerzeit furchtbar holprigen „Straßen“ zu dämpfen. Luft ist elastisch und lässt sich zusammendrücken. Wenn der Druck nachlässt, dehnt sie sich wieder aus. Die Wucht der Stöße auf einer holprigen Strecke wird von der Luft im Reifen aufgefangen. Gleichzeitig rattern und rasseln Luftreifen weniger als Holz- oder Eisenräder. Den genialen Einfall, Luftreifen zu bauen, hatte der Tierarzt John Boyd Dunlop. Er montierte einen aus einem Gartenschlauch gebastelten Luftreifen auf das Dreirad seines kleinen Sohnes.

Warum haben Autos einen Kühler?

Automotoren verbrennen in den Zylindern Treibstoff und werden daher sehr heiß. Sie müssen ständig gekühlt werden. Die meisten Automotoren haben eine Wasserkühlung. Der Kühler ist ein vor dem Motor liegender Wasserbehälter, in dem das Kühlwasser ständig abgekühlt wird. Das besorgt der Fahrtwind oder ein Ventilator.

Warum braucht ein Auto im Winter ein Frostschutzmittel?

Das Kühlersystem eines Autos ist ein geschlossener Kreislauf. Im Winter bringt das Probleme. Bei Temperaturen unter null Grad würde normales Wasser einfrieren und die Kühlleitungen verstopfen, der Motor würde zu heiß werden. Schlimmer noch: Das gefrierende Wasser dehnt sich aus und könnte die Kühlleitungen sprengen. Deshalb versetzt man das Kühlwasser mit Frostschutzmittel. Das ist eine zuckerhaltige Flüssigkeit, die dafür sorgt, dass Wasser auch bei eisigen Temperaturen flüssig bleibt. Die ersten Autofahrer verwendeten dazu einfach Honig; im Kühler der Oldtimer kreiste eine Art Honigwasser. Heute verwendet man dazu eine Substanz namens Glykol.

Warum kann Eis ein Gefäß zerreißen?

Normalerweise ziehen sich feste Stoffe, Flüssigkeiten und Gase bei Abkühlung zusammen. Wenn sie aber von einem Zustand in einen anderen überwechseln, verhalten sie sich höchst merkwürdig. Wasser beispielsweise dehnt sich aus, sobald es zu Eis gefriert. In flüssiger Form nimmt es weniger Raum ein als in fester. Eine volle Wasserflasche im Tiefkühlfach zerbirst deswegen, weil das Wasser beim Gefrieren von innen mit unwiderstehlicher Kraft gegen die Flaschenwand drückt.

Wie kann Wasser Steine sprengen?

Wenn Wasser in kleine Ritzen von Straßen und Gebäuden einsickert und dann gefriert, kann es Asphalt, Beton und Ziegel mit der Zeit aufsprengen. Es verursacht Frostschäden. Die Kraft, mit der Wasser auf die Umgebung drückt, wenn es sich beim Einfrieren ausdehnt, beträgt immerhin zwei Tonnen pro Quadratzentimeter. Das entspricht dem Gewicht eines Elefanten auf einer Briefmarke. Vor der Erfindung des Sprengstoffs nutzte man diese „Eiskraft“ des Wassers in Steinbrüchen. Die Arbeiter bohrten Löcher in riesige Steinblöcke und füllten sie mit Wasser. Bei Frost dehnte sich das Eis aus und trieb die Blöcke auseinander. Im alten Ägypten, wo die Temperaturen nicht unter null Grad sanken, machte man es anders. Dort steckte man trockene Hölzer in nebeneinander liegende Bohrlöcher und weichte sie mit Wasser ein. Das Holz quoll auf und riss den Felsblock auseinander.

Was ist der Unterschied zwischen Wasser und Wasserdampf?

Alle Stoffe, denen wir begegnen, sind entweder fest, flüssig oder gasförmig. Man nennt diese Formen, in denen sie vorkommen, die Aggregatzustände. Durch Abkühlen oder Erhitzen kann man viele Stoffe in einen anderen Zustand bringen. Dann bekommen sie plötzlich ganz andere Eigenschaften. Wenn man beispielsweise Wasser auf über 100 Grad Celsius erhitzt, wird es zu einem Gas, dem Wasserdampf. Wasser und Wasserdampf haben die gleiche chemische Zusammensetzung, aber völlig andere Eigenschaften: Wasserdampf hat die typischen Eigenschaften eines Gases. Man kann ihn wie Luft zusammenpressen. Der Dampf ist elastisch wie Luft, will sich wieder ausdehnen und kann dabei eine Dampfmaschine antreiben.

Kann man Wasser zusammendrücken?

Flüssigkeiten lassen sich nicht zusammendrücken. Sie sind nicht elastisch, und sie verändern ihr Volumen nicht. Das Volumen eines Dinges ist der Raum, den es einnimmt. Es ist also völlig unmöglich, zwei Liter Wasser in eine Einliterflasche zu pressen.

Gibt es Luft, die flüssig ist?

Selbst so solide und harte Stoffe wie Eisen kann man so weit erhitzen, dass sie flüssig werden. Bei noch viel höheren Temperaturen verdampfen auch flüssige Metalle und verwandeln sich in Gas. Umgekehrt kann man Stoffe, die bei normalen Temperaturen als Gas vorkommen, so weit abkühlen, dass sie flüssig oder gar fest werden. Luft beispielsweise verwandelt sich bei einer Temperatur von minus 197,5 Grad Celsius in eine Flüssigkeit.

Warum steigt der Rauch auf?

Rauch enthält viele winzige Teilchen, darunter Ruß, Flugasche und Teertröpfchen. Sie entstehen bei der Verbrennung. Bei schönem, trockenem Wetter und Windstille steigt der Rauch aus Schornsteinen oder von Lagerfeuern kerzengerade in die Luft. Dann sind die im Rauch mitgeführten Schwebeteilchen leicht und trocken und steigen mit der heißen Luft auf. Anders bei Regenwetter. Da ist die Luft feucht und enthält viel Wasserdampf. Der Dampf bildet unsichtbar kleine Tröpfchen, die sich an den Schwebeteilchen im Rauch festsetzen. Sie ziehen den Rauch nach unten. Deshalb wird er schwer und kann nicht mehr so leicht hochsteigen. Wenn der Rauch aus Schornsteinen nicht aufsteigt, sondern über den Dächern hängt, dann ist das ein Zeichen für hohe Luftfeuchtigkeit. Wahrscheinlich wird es dann bald regnen.

Wie viel Wasser braucht ein Baum?

Kein einziges Lebewesen kommt völlig ohne Wasser aus. Tiere trinken Wasser, nehmen es mit ihrer Nahrung auf oder lassen es durch die Haut in den Körper eindringen. Pflanzen nehmen Wasser vor allem mit den Wurzeln aus dem Boden auf. So verbraucht ein großer Baum täglich eine Tonne Wasser, das aus den Wurzeln über Stamm und Äste in die Blätter hochsteigt und dort verdunstet.

Warum saugt ein Schwamm Wasser auf?

Bei Schwämmen kann man gut beobachten, dass Wasser in engen Spalten, feinen Röhrchen und in kleinen Poren von selbst aufsteigt. Ein Schwamm hat viele feine Poren. Man legt ihn in eine Wasserpfütze, und er wird feucht. Das Wasser dringt in die Poren ein, und die Pfütze verschwindet. Diese Eigenschaft des Wassers nennt man Kapillarität. (Das Wort kommt vom lateinischen Wort für Haar; nötig sind haarfeine Röhrchen oder Poren.) Auch Löschpapier kann Flüssigkeiten nur deshalb aufsaugen, weil es viele winzig kleine Poren hat. Alle

Wischtücher und Putzlappen sind übrigens so beschaffen. Glattes Papier oder ein glatter Seidenstoff saugen Wasser nur sehr schlecht auf.

Wie kommt das Wasser in die Baumkrone?

Das alles funktioniert ohne Muskeln und Pumpen. Wasser steigt nämlich eigentümlicherweise in feinen Röhrchen von selbst nach oben. Durch das Holz der Wurzeln, Stämme und Zweige ziehen sich unzählige solcher Röhrchen und Kanäle. Sie saugen das Wasser hoch wie durch einen Schwamm. Sobald es an den Blättern verdunstet, wird frisches Wasser nachgesogen. Je größer ein Baum ist, desto schwieriger wird es für ihn, die Wassermengen hochzutransportieren. Die mächtigen Mammutbäume in Nordamerika gedeihen deshalb nur in nebelreichen Gebieten. Sie können Wasser mit den Blättern auch direkt aus dem feuchten Nebel aufnehmen.

Warum können kleine Tiere auf dem Wasser laufen?

Kleine, sehr leichte Tierchen können sogar auf dem Wasser laufen. Man sieht sie oft an Teichen. Sie huschen über das Wasser und dellen die Oberfläche mit ihren winzigen Beinchen ein klein wenig ein; die Oberflächenspannung des Wassers verhindert, dass sie im Wasser einsinken. Zu diesen Tieren gehören zum Beispiel der Wasserläufer, eine ein Zentimeter lange Wanzenart, und die verschiedenen Arten von Taumelkäfern.

Warum bildet das Wasser Tropfen?

Wenn Wasser fällt, bildet es Tröpfchen und Tropfen. Die Wasserteilchen schließen sich zu kugelförmigen Gebilden zusammen. Es gibt nämlich eine Kraft, welche die Wassermoleküle aneinander bindet und dafür sorgt, dass sie möglichst nahe zusammenrücken. Und die Kugelform ist dafür die günstigste Gestalt. Deshalb schließt sich Wasser beim Fallen zu Kügelchen zusammen. Auch an einer feuchten Fensterscheibe schließen sich die Wasserteilchen zu Tropfen zusammen, wenn sie hinunterlaufen. Die Kraft, die Flüssigkeitsteilchen zusammenhält, nennt man Kohäsion.

Was ist Hagel?

Hagelkörner sind kleine Eisbälle, die aus den Wolken auf die Erde fallen und dabei große Schäden anrichten können. Meistens sind sie nur einen halben Zentimeter dick, doch Hagelkörner können auch so groß wie Tischtennisbälle werden. Dann vernichtet der Hagel das Getreide auf den Feldern, schlägt Dellen in Autodächer und zerschlägt Glasdächer. Hagelkörner entstehen in hohen Wolken. In den höheren Schichten ist es eisig kalt. Die winzigen Wassertröpfchen, aus denen die Wolke besteht, gefrieren zu winzigen Eiskügelchen. Die eiskalten Kügelchen fallen ein Stück weit durch die Wolke und gelangen in die wärmeren unteren Schichten. Hier frieren Wasserteilchen an die Eiskugel an. Das Eiskörnchen wächst, wird zu einem Hagelkorn und fällt als Graupelkorn zu Boden.

Warum hagelt es meistens nur im Sommer?

Manchmal bläst der Sturm ein Hagelkorn wieder nach oben. Bei Sommergewittern kann das Eiskörnchen im Wind immer wieder auf und ab treiben. Dabei gelangt es abwechselnd in kalte und dann wieder in warme Bereiche der Wolke. Jedes Mal legt es neue Eisschichten an und wird immer größer. Schließlich sind die Hagelkörner so groß und schwer geworden, dass sie aus der Wolke zur Erde fallen. Dicke Hagelkörner können also nur entstehen, wenn es in einer Gewitterwolke im oberen Teil eisig kalt ist. Zugleich muss im unteren Teil der Wolke Tauwetter herrschen, damit Wassertröpfchen an das Hagelkorn anfrieren können. Im Winter ist es in der ganzen Wolke eisig kalt. In sommerlichen Gewitterwolken gibt es hingegen große Temperaturunterschiede, und deshalb hagelt es so richtig nur im Sommer.

Warum klingt eine Saite auf einer Gitarre lauter als eine Saite ohne Gitarre?

Schwingende Luftteilchen, die rhythmisch auf einen festen Körper hämmern, versetzen ihn in Schwingung.

Das nennt man Resonanz. Der Resonanzkörper klingt mit, und der Schall wird dadurch verstärkt. Der Kasten (Korpus) einer Gitarre ist solch ein Resonanzkörper. Durch Zupfen der Saiten bringt man die Luft zum Vibrieren, und diese Vibrationen übertragen sich auf den Korpus. Dadurch wird der Klang kräftig und voll. Auch der Brustkasten eines Sängers wirkt wie ein Resonanzkörper. Die Stimmbänder im Kehlkopf allein könnten niemals so kraftvolle Töne erzeugen, wie sie ein Bühnensänger ohne Mikrofon hervorbringt.

Wie kann man ein Glas durch Singen zerbrechen?

Wenn man ein Glas antippt, gibt es einen bestimmten Ton von sich. Es schwingt mit einer bestimmten Frequenz, also Tonhöhe. Wenn ein guter Sänger genau diesen Ton singt, zerbricht das Glas, ohne dass es jemand angerührt hat. Der gesungene Ton hat das Glas dann zum Mitschwingen, zur Resonanz, angeregt. Und weil die Tonhöhe der Eigenschwingung des Glases entspricht, schaukelt sich die von außen verstärkte Schwingung immer höher auf. Das funktioniert so ähnlich wie bei einer Kinderschaukel, der man bei jedem Herschwingen einen neuen, leichten Stoß gibt – und immer höher geht es hinauf. Das Glas schwingt natürlich viel, viel schneller – bei einem hohen Ton viele hundert Mal in der Sekunde. Irgendwann werden jene Schwingungen so stark, dass es eben zerbirst. Dieses Kunststück schaffen aber nur ausgebildete Sänger, die einen Ton exakt auf der richtigen Höhe halten können.

Warum darf eine Gruppe nie im Gleichschritt über eine Brücke gehen?

Durch Resonanz können sogar Brücken einstürzen. Wenn eine Menschengruppe im Gleichschritt über die Brücke marschiert, kann sie durch die rhythmischen Tritte in Schwingung geraten. Jeder Schritt vergrößert die Schwingung. Die Brücke schaukelt sich auf, und schließlich kann sie sogar einbrechen. Deshalb dürfen Soldaten niemals im Gleichschritt über eine Brücke marschieren.

Warum schluckt der Schnee den Schall?

Bei Schneefall sind Rufe viel weniger weit zu hören als bei klarem Wetter, und auch eine frische Schneedecke schluckt den Schall. Die winzigen Poren der Flocken und des lockeren Neuschnees verschlucken nämlich die Schallwellen. Diese treffen auf die kleinen Höhlungen in den Schneekristallen und verfangen sich dort: Ihre Energie geht verloren. Alter Schnee oder Eis hat eine glatte Oberfläche und kann Schall nicht mehr so gut absorbieren, und besonders weit tragen Stimmen über eine ruhige Wasseroberfläche.

Warum liegen zwischen dem Gefrierpunkt und dem Siedepunkt des Wassers ausgerechnet 100 Grad Celsius?

Der Physiker Anders Celsius hat die nach ihm benannte Celsius-Temperaturskala so eingeteilt. Als Fixpunkte der Skala hat er den Gefrierpunkt (Eispunkt) und den Siedepunkt von Süßwasser genommen. Den Bereich dazwischen hat er in genau hundert Einheiten (Grad) eingeteilt. Ein Grad Celsius ist also ein Hundertstel des Temperaturunterschiedes zwischen Wasser, das zu Eis, und Wasser, das zu Dampf wird. In anderen Ländern gibt es auch andere Gradeinteilungen, zum Beispiel die Einteilung nach Fahrenheit. Physiker rechnen nach der Kelvin-Skala, die nach dem englischen Wissenschaftler Lord Kelvin benannt ist. Sie beginnt beim absoluten Nullpunkt. Das ist die niedrigstmögliche Temperatur, die ein Stoff haben kann, nämlich minus 273,15 Grad Celsius.

Warum sind die Meere nicht schon längst verdunstet?

Die Meere verlieren ständig Wasser durch aufsteigenden Wasserdampf. Die Wasserschicht, die pro Jahr in einem tropischen Meer verdunstet, ist immerhin zwei Meter stark. Doch das Wasser kommt wieder zurück: als Regen, der direkt auf das Meer fällt, und durch die in das Meer strömenden Flüsse. Ohne Wassernachschub würden die Weltmeere in einer Million Jahre ausgetrocknet sein.

Warum sind Kerzenflammen länglich?

Damit die Kerze brennen kann, ist – wie für jedes Feuer – Sauerstoff nötig; dieses Gas ist in der Luft enthalten. Beim Verbrennen wird die Luft in der Umgebung der Flamme erwärmt, und sie steigt auf. Von der Seite und von unten strömt Frischluft aber stetig hinzu. Auf diese Weise gelangt frischer Sauerstoff heran, und der Luftzug nach oben zieht die Flamme in die Länge. Im Zustand der Schwerelosigkeit könnte eine Kerze übrigens nicht brennen. Ein Astronaut, der in einer Raumstation eine Kerze anzünden wollte, würde Folgendes bemerken: Die Flamme hätte im ersten Augenblick die Form einer Kugel. Dann würde sie gleich wieder erlöschen. Der Grund ist folgender: Die Flamme entzieht der Luft in der Umgebung den Sauerstoff. Doch wo es keine Schwerkraft gibt, kann die verbrauchte und erhitzte Luft nicht aufsteigen. Die Flamme ist sogleich von einer Kugel aus sauerstoffarmer Luft umgeben. Und weil keine Frischluft nachkommt, bekommt sie keine Nahrung mehr und erstickt.

Warum verbrennt der Glühdraht in einer Glühlampe nicht?

Der dünne Metallfaden in einer Glühlampe wird durch den durchfließenden Strom so stark erhitzt, dass er zu glühen beginnt und leuchtet. Glühlampen können jahrelang brennen, ohne dass der Draht verbrennt. Im Glasbehälter, den man wegen seiner Form auch Glühbirne nennt, gibt es nämlich keinen Sauerstoff, und ohne Sauerstoff kann keine Flamme entstehen. Die Birne ist mit einem Gasgemisch gefüllt, das jede Flamme erstickt. Kleine und schwache Glühlampen mit Leistungen unter 25 Watt sind oft komplett leer gepumpt; in ihnen herrscht ein Vakuum. Wenn solche Glühlampen zerbrechen, strömt Luft mit hoher Geschwindigkeit ein, und es gibt einen leisen Knall. Ohne Glaskörper, der den Sauerstoff der Luft vom Glühdraht fernhält, würde der Metallfaden nur kurz aufglühen und wie eine Sternschnuppe verglühen.

Warum können Mondfahrer so hoch hüpfen?

Wie viel ein Mensch (oder irgendein Gegenstand) wiegt, hängt ganz davon ab, wo er sich befindet. Es kommt auf die Kraft an, mit der ihn eine große Masse anzieht. Eine solche große Masse ist beispielsweise die Erde, die mit ihrer Erdanziehungskraft die Dinge an der Oberfläche festhält. Der Mond jedoch ist viel kleiner als die Erde und hat eine viel geringere Masse. Eine auf dem Mond aufgestellte Waage würde für einen Menschen mit einem Erdgewicht von 70 Kilogramm tatsächlich nur 10 Kilogramm anzeigen. Der Mondfahrer ist auf dem Mond tatsächlich leichter, hat aber die gleiche Sprungkraft wie zu Hause auf der Erde. Deshalb kann er auf dem Mond unglaublich hohe Sprünge machen.

Warum haben Raumfahrer kein Gewicht?

Auf noch kleineren Himmelskörpern müsste man sogar aufpassen, nicht versehentlich ganz davon- und ins Weltall hinauszuspringen. Die beiden Marsmonde Phobos und Deimos sind so klein, dass sie einen Astronauten kaum festhalten können. Mit einem kräftigen Sprung könnte ein Astronaut von einem Marsmond auf den Planeten Mars springen. Im Weltraum fernab von Himmelskörpern verlieren Menschen und Dinge nämlich ihr Gewicht ganz und gar. Sie sind schwerelos. Dasselbe zeigt sich in Raumstationen auf Umlaufbahnen um die Erde. Hier halten sich Erdanziehungskraft und Fliehkraft die Waage. Die Astronauten haben also kein Gewicht und schweben schwerelos herum.

Wiegt man überall auf der Erde gleich viel?

Nicht einmal auf der Erde wiegt ein Mensch überall gleich viel. Die Erde ist nämlich keine vollkommen runde Kugel, sondern an den Polen etwas abgeflacht. In der Arktis oder Antarktis ist man deshalb etwas dichter an der Erdmasse dran als in den Gebieten nahe dem Äquator. Folglich ist die Erdanziehungskraft an den Polen etwas größer, und man wiegt dort ein wenig mehr.

Wie funktioniert ein Kompass?

Ein Kompass ist ein Instrument, mit dem man die Himmelsrichtung bestimmen kann. Der wichtigste Bestandteil des Kompasses ist eine magnetische Nadel, die auf einem Drehpunkt sitzt. Sie stellt sich immer automatisch auf Norden ein. Die Kraft, die die Nadel dreht und ausrichtet, stammt von der Erde, denn die Erdkugel erzeugt durch ihre Drehung ständig ein elektromagnetisches Feld, das auf den Kompass einwirkt. Die Magnetnadel des Kompasses ist in einem Gehäuse eingebaut und bewegt sich über einem kreisförmigen Anzeigefeld, in das die Himmelsrichtungen eingetragen sind. Um die Richtung abzulesen, dreht man sich mit dem Kompass in der Hand so lange, bis die Nadel in dem Anzeigefeld auf Norden steht.

Wer hat den Kompass erfunden?

Die alten Chinesen verwendeten Kompasse schon lange vor den Europäern – allerdings nicht für die Seefahrt. Ihre primitiven Kompasse waren ausgehöhlte Stücke von Magneterz, die in einer Schüssel schwammen. Wahrsager behaupteten, mit diesem Instrument die Zukunft vorhersagen zu können. Erst ab Ende des 12. Jahrhunderts nutzten die europäischen Seefahrer den Kompass zur Navigation. Sie erkannten, dass man damit auf einfache Weise die Himmelsrichtung und die Fahrtrichtung bestimmen kann.

Fliegen, Schwimmen, Fahren

Wie kann man die Windkraft nutzen?

Die Kraft, mit welcher der Wind das Windrad bewegt, kann man ausnutzen. Spielzeugwindräder sind einfach nur schön anzuschauen; große Windräder dagegen können Maschinen antreiben. Bei Windmühlen werden riesige, runde Mahlsteine bewegt, zwischen denen die Getreidekörner zu Mehl zerrieben werden. Windkraftanlagen wiederum treiben einen Generator an – eine Maschine also, die Strom erzeugt. Es gibt sehr viele verschiedene Flügelformen. Die Flügel von Windmühlen sehen anders aus als Spielzeugwindräder oder die Rotoren von Windkraftanlagen.

Welche Arten von Luftfahrzeugen gibt es?

Ballons und Luftschiffe sind Luftfahrzeuge, die ohne Tragflächen auskommen. Sie sind leichter als die gleiche Menge Luft, die sie verdrängen, und steigen deshalb von selbst in den Himmel. Fluggeräte, die schwerer sind als Luft, werden von ihren Tragflächen in der Luft gehalten. Der an den Tragflächen vorbeiströmende Fahrtwind saugt sie hoch und erzeugt die Kraft, die das Flugzeug in der Luft hält. Diese Kraft nennt man den

Auftrieb. Sobald die Fahrtgeschwindigkeit hoch genug ist, ist der Auftrieb stark genug, um das Gewicht des Flugzeugs auszugleichen und es fliegen zu lassen. Eine spezielle Art von Flugzeug ist der Hubschrauber. Bei ihm wirkt der große, waagrechte Rotor zugleich als Tragfläche.

Warum braucht ein Flugzeug Tragflächen?

Flugzeuge sind viel schwerer als Luft. Um sie in der Luft zu halten, brauchen sie leistungsfähige Motoren und einen speziellen Aufbau. Die Motoren treiben die Propeller an, die ein Flugzeug durch die Luft ziehen. Und die Tragflächen, die Flügel eines Flugzeugs, halten es in der Luft. Wie eine Tragfläche funktioniert, kann man einfach ausprobieren, wenn man ein Blatt Papier knapp unter die Unterlippe hält und kräftig pustet. Der vorbeiströmende Luftzug hebt das Papier hoch; es wird nach oben gesaugt. Beim Flugzeug sorgt der Fahrtwind für die nötige Tragkraft: Wenn das Flugzeug fliegt, strömt unterhalb und oberhalb der gewölbten Tragfläche die gleiche Luftmenge vorbei. An der gewölbten Oberseite aber muss die Luft einen längeren Weg zurücklegen; sie muss also schneller strömen. Dadurch entsteht ein

Sog – die gleiche Art Sog, mit dem wir das Blatt Papier durch Pusten angehoben haben. Der Sog an den Tragflächen hält das Flugzeug sicher in der Luft. Je langsamer ein Flugzeug ist, desto größere Tragflächen braucht es. Superschnelle Düsenjäger kommen hingegen mit kleinen Stummelflügeln aus, denn sie sind eher so etwas wie eine kleine Rakete. Sie fordern dem Piloten deswegen höchstes Können ab.

Wie hieß das erste Flugzeug?

Den amerikanischen Brüdern Orville und Wilbur Wright gelang 1903 der erste Flug mit einem Motorflugzeug. Ihr Flugzeug hieß Flyer 1 (Flieger 1) und hielt sich fast eine Minute lang in der Luft. Das war nicht gerade lang, aber doch lang genug, um zu beweisen, dass Motorflugzeuge mit Tragflächen funktionieren. Heute scheint uns selbstverständlich, dass sich nicht nur die selten gewordenen Ballons und Luftschiffe, sondern auch schwere Flugzeuge aus Metall in die Luft erheben können. Das war nicht immer so. Noch vor hundert Jahren hatte sich das amerikanische Patentamt geweigert, das Flugzeug an sich zu patentieren. Man hielt es für unmöglich, ein Fluggerät zu bauen, das schwerer war als

Luft. Erst der Flug der Brüder Wright bewies den damaligen „Experten“, dass so etwas doch möglich war.

Warum braucht ein Hubschrauber keine Tragflächen?

Der Rotor eines Hubschraubers hat zwei Aufgaben. Erstens hebt er den Hubschrauber in die Luft. Die Flügel des Rotors sind so eingestellt, dass sie beim Drehen einen Sog oberhalb des Hubschraubers entstehen lassen, der das tonnenschwere Fluggerät hochhebt. In dieser Flugart können Hubschrauber in der Luft stehen. Sie landen und starten ohne Landebahn. Hubschrauber können aber auch mit hoher Geschwindigkeit fliegen. Dann funktioniert der riesige Rotor gleichzeitig wie eine große, runde, schräg gestellte Tragfläche. Am Heck brauchen Hubschrauber aber auch unbedingt noch einen kleinen Rotor. Er sorgt dafür, dass das Fluggerät stabil bleibt und nicht anfängt, sich in der Luft um die eigene Achse zu drehen.

Warum bleiben Segelflieger ohne Motor in der Luft?

Flugzeuge, die ohne Motoren dahinfliegen, heißen Segelflugzeuge. Sie müssen zuerst mit fremder Kraft in Fahrt gebracht werden. Dann segeln sie mit eigenem Schwung dahin. Es gibt zwei Möglichkeiten, ein Segelflugzeug zu starten. Entweder man schleppt es mit einer riesigen Seilwinde in die Luft, oder man zieht es mit einem Motorflieger in die Luft. Segelflugzeuge sind sehr leicht und haben riesig lange Tragflächen. Sie brauchen nicht viel Fahrtwind, um sich durch den Auftrieb in der Luft zu halten. Wenn der Pilot in der Kabine die Luftströmungen geschickt ausnutzt, kann er sich ohne weiteres stundenlang in der Luft halten.

Weshalb kann ein Flugzeug nicht in den Weltraum fliegen?

Flugzeuge können nur dort fliegen, wo es genug Luft gibt. Ihre Triebwerke brauchen den Sauerstoff der Luft, um arbeiten zu können, und der Fahrtwind erzeugt den

Auftrieb, der das Flugzeug aufsteigen lässt und in der Luft hält. Aus diesen Gründen könnte selbst ein Düsenflugzeug mit den stärksten Triebwerken die Lufthülle nicht verlassen, die unsere Erde umgibt. Das können nur Raketen.

Wie funktioniert ein Flugzeug ohne Propeller?

Es gibt verschiedene Arten von Flugzeugtriebwerken. Sie alle haben den Zweck, das Flugzeug so schnell in Bewegung zu setzen, dass der Auftrieb an den Tragflächen angreifen und das Flugzeug hochziehen kann. Schnelle Flugzeuge haben so genannte Strahltriebwerke; das englische Wort dafür ist „jet“ (=Düse[nstrom]). Diese Düsentriebwerke funktionieren anders als Propellertriebwerke und treiben das Flugzeug durch Rükkstoß an: In der Brennkammer des Triebwerks wird mit hohem Druck ein Gemisch von Luft und Treibstoff eingeblasen und gezündet. Die Verbrennungsgase dehnen sich mit ungeheurem Druck aus und fauchen als glühend heißer Feuerstrahl hinten aus den Düsen. Damit schieben sie das Flugzeug voran.

Wieso kann eine Rakete die Lufthülle der Erde verlassen?

Raumraketen sind nicht auf den Sauerstoff der Luft angewiesen. Sie führen im Tank Sauerstoff mit, der so stark abgekühlt wurde, dass er flüssig ist. In der Brennkammer des speziellen Raketentriebwerks werden Sauerstoff und der Raketenbrennstoff zusammengemixt und entzündet – heiße Gase rasen aus der Antriebsdüse. Der Rückstoß dieser Gase schießt die Rakete dann hoch über die Lufthülle der Erde und in den Weltraum hinaus. Dabei werden ungeheure Mengen an Treibstoff verbrannt. Der größte Teil einer turmhohen Raumrakete besteht aus Treibstofftanks, die aufeinander sitzen. Ihr Inhalt wird Stufe für Stufe verbrannt. Die leeren Tanks werden noch in der Lufthülle der Erde abgesprengt. Übrig bleibt schließlich nur noch die Raumkapsel. Sie transportiert Astronauten in den Weltraum. Unbemannte Raketen setzen Satelliten so aus, dass sie um die Erde kreisen. Diese Art von Raketen kann aber nur ein einziges Mal abgeschossen werden.

Was ist die Schallgeschwindigkeit? 

So wie Wellen im Wasser eine gewisse Zeit brauchen, um vom Boot auf dem See zum Ufer zu gelangen, so pflanzt sich auch der Schall in der Luft mit einer begrenzten Geschwindigkeit fort. Diese Geschwindigkeit nennt man die Schallgeschwindigkeit. Schallwellen breiten sich in der Luft mit einer Geschwindigkeit von ungefähr 1200 Kilometern pro Stunde aus. Für eine Strecke von 100 Metern braucht der Schall etwa eine Drittelsekunde. Das ist der Grund, warum wir den Donner später hören, als wir den Blitz sehen.

Was geschieht, wenn ein Flugzeug die Schallmauer durchbricht? 

Früher glaubte man nicht daran, dass Flugzeuge jemals schneller als der Schall fliegen könnten. Man hielt die Schallgeschwindigkeit für eine unüberwindliche Grenze und nannte sie deshalb „Schallmauer“. Das war freilich ein Irrtum. Raketen und Düsenflugzeuge können mit Überschallgeschwindigkeit fliegen. Sie sind schneller unterwegs als der Lärm, den sie erzeugen. Beim

„Durchbrechen" der „Schallmauer" knallt es zwar, doch es kommt niemand zu Schaden. Der Knall entsteht, weil die Luftteilchen vor dem Flugzeug einen Augenblick lang nicht wegströmen können. Sie werden stark zusammengedrückt und dehnen sich dann wie in einer Explosion wieder aus. Den Überschallknall kann man auf der Erde hören. Bei Tieffliegern ist die Druckwelle so stark, dass manchmal sogar Fensterscheiben zerbersten.

Gibt es Passagierflugzeuge mit Überschallgeschwindigkeit?

Das schnellste Passagierflugzeug, die Concorde, brauchte von London nach New York nicht länger als drei Stunden. Sie erreichte eine Spitzengeschwindigkeit von 2 330 Kilometern pro Stunde. Das war fast doppelte Schallgeschwindigkeit! Die Concorde wurde aus dem Verkehr gezogen, nachdem im Jahr 2000 ein verheerender Unfall passiert war.

Woher hat das Frisbee seinen Namen?

Frisbees sind eine Art von fliegenden Tortenböden, die durch ihre besondere Bauart stabil in der Luft liegen und hundert Meter und weiter segeln können. Wichtig ist der Drall. Beim Wurf muss das Frisbee wie ein Kreisel in Schwung kommen. Die Drehung beim Flug sorgt dafür, dass die Scheibe nicht abkippt. Der gewölbte Rand wiederum liefert das Luftpolster, auf dem das Frisbee im Flug liegt. Der Name dieses Flugspielzeugs stammt übrigens von einem amerikanischen Konditor: William Russell Frisbee verkaufte seine Torten auf dünnen Kuchenblechen. Wenn man sie umdrehte, konnte man die Tortenböden durch die Luft segeln lassen.

Welche Motoren treiben Lokomotiven an?

Die ersten Lokomotiven waren allesamt Dampflokomotiven. Dampfmaschinen gab es schon über 100 Jahre vor der Erfindung brauchbarer Benzin- oder Dieselmotoren. Die erste deutsche Dampflok hieß Adler und zog die Waggons mit einer Geschwindigkeit von 30 Stundenkilometern. Später erreichten Dampfloks immerhin 150 Stundenkilometer. Sie wurden von Lokomotiven mit Dieselmotoren abgelöst, die zwar nicht stärker waren, aber weniger Energie verbrauchten. Heute fahren kleine Dampflokomotiven nur noch auf Nebenstrecken. Dieselloks verkehren dort, wo es keine Fahrleitungen gibt, aus der Elektroloks ihren Fahrstrom beziehen können. In Deutschland, Österreich und in der Schweiz sind fast alle wichtigen Strecken für Elektroloks eingerichtet. Sie beziehen den Strom aus Stromleitungen, die über den Schienen gespannt sind. Die modernsten Züge wie der ICE haben 13 000 PS und können zehnmal so schnell fahren wie der dampfbetriebene „Adler“.

Was passiert, wenn der ICE-Lokführer einschläft?

Dann bremst der Zug automatisch. Der Lokführer muss nämlich in regelmäßigen Abständen eine Sicherheitstaste drücken. Tut er dies nicht, leitet der Zug von selbst eine Schnellbremsung ein. Dieses Sicherungssystem sorgt dafür, dass der Ausfall des Lokführers keine schlimmen Folgen für den Zug haben kann. Der ICE (Intercity-Express) ist zwischen den Städten mit Reisegeschwindigkeiten bis zu 250 Stundenkilometern unterwegs. Dabei sind gigantische Kräfte am Werk. Dreieinhalb Minuten lang beschleunigen die Triebwerke den schweren Zug, um ihn auf eine Geschwindigkeit von 200 Stundenkilometern zu bringen, und 6,5 Minuten, bis er 250 Stundenkilometer schnell unterwegs ist.

Wie lange braucht der ICE für eine Notbremsung?

Bei Tempo 250 braucht der ICE selbst bei einer Notbremsung immerhin noch vier Kilometer, bis er endlich zum Stehen gekommen ist. Der Lokführer kann die vor ihm liegende Fahrtstrecke unmöglich mit eigenen Augen überwachen. Ein Sicherheitssystem überprüft deshalb die Stellung aller Signale auf einer Länge von 50 Kilometern und warnt den Lokführer, wenn die Schienen nicht frei sein sollten.

Warum rattern alte Züge?

Manche alte Waggons haben Vollbremsungen hinter sich, bei denen die Räder eine Strecke weit über die Schienen gerutscht sind. Dabei wurden sie an dieser Stelle ein klein wenig abgeschliffen. Sie sind nicht mehr vollkommen rund, sondern haben eine winzige platte Stelle. Bei jeder Umdrehung hoppeln sie ein ganz klein wenig, und man hört sie auch auf neuen Schienen rattern. Bei modernen Lokomotiven und Waggons kann so etwas nicht passieren. Die Bremsen greifen niemals so stark zu, dass die Räder auf den Schienen dahinschlittern. Sogar bei einer Notbremsung rollen sie noch gerade so schnell, dass sie nicht ins Rutschen kommen.

Wie sahen im Mittelalter die Straßen aus?

Die alten Römer waren hervorragende Straßenbaumeister. Das Römerreich, das zeitweise ganz Südeuropa und Westeuropa umfasste, war von einem Netz aus Steinstraßen durchzogen. Mit dem Ende des Römerreiches vor 1500 Jahren zerfiel auch das Straßennetz. Die nächsten 1000 Jahre, das ganze Mittelalter hindurch, gab es nur „Pisten“. Die Hauptstraßen waren nicht mehr als

Feldwege. Bei Regen versanken die Wanderer, Reiter und Fuhrleute im Schlamm, bei Trockenheit schluckten sie Staub, und im Winter kämpften sie sich durch Eis und Schnee. Mehr als 50 Kilometer pro Tag schaffte kein Karren. Das lag daran, dass es im mittelalterlichen Deutschland keinen einheitlichen Staat mit einer funktionierenden Regierung gab. Niemand fühlte sich zuständig oder hatte das Geld, Straßen bauen zu lassen. Auch der König oder der Kaiser hatte nicht genügend Macht, den Fürsten den Ausbau von Handelsstraßen zu befehlen. Vor allem aber war das Wissen, wie man Straßen baut und befestigt, verloren gegangen.

Warum geht ein Holzfloß nicht unter?

Ein Stein, den wir ins Wasser werfen, geht sofort unter. Ein Stück Holz tanzt auf der Oberfläche. Der Grund dafür ist folgender: Jeder Gegenstand, der ins Wasser eintaucht, nimmt den Raum einer bestimmten Menge Wasser ein. Das Wasser aber ist schwer, es drückt und drängt zurück. Diese Kraft, die einen Gegenstand aufwärts drückt, nennt man Auftrieb. (Am deutlichsten spürt man den Auftrieb, wenn man einen Luftballon unter Wasser drücken will.) Der Auftrieb drückt also einen im Wasser schwimmenden Gegenstand nach oben. Gleichzeitig zieht ihn sein Gewicht unter Wasser. Jetzt kommt es darauf an, was größer ist: der Auftrieb oder das Gewicht. Ein Stein ist schwerer als Wasser. Sein Gewicht zieht ihn kräftiger nach unten, als ihn der Auftrieb nach oben drückt. Deshalb geht er unter. Ein Stück Holz hingegen ist leichter als Wasser, so ist der Auftrieb stärker als das Gewicht. Das Holz schwimmt und sinkt gerade so tief ein, dass sich Gewicht und Auftrieb die Waage halten. Ein Floß nützt also das im Vergleich zu Wasser geringere Gewicht von Holz.

Was hält ein schweres Schiff an der Wasseroberfläche?

Große Schiffe wiegen tausende von Tonnen. Sie sind aus Stahlplatten gebaut und transportieren schwere Lasten. Sie schwimmen deshalb, weil nicht das ganze Schiff, sondern nur die Hülle aus Stahlplatten besteht. Im Inneren des Schiffes – im Laderaum und in den Kabinen – ist sehr viel Luftraum. Gemessen an seiner gesamten Größe, ist auch ein Ozeandampfer ziemlich leicht – viel leichter als die Menge Wasser, die im Schiff Platz hätte.

Ein Schiff sinkt erst dann, wenn Wasser durch Lecks ins Innere des Rumpfes dringt. Das Wasser verdrängt die Luft und füllt die leichten Hohlräume aus. Das Schiff wird schwerer und schwerer und geht unter.

Warum können Fische im Wasser schweben?

Die meisten Fische müssen keine Flosse rühren, um im Wasser dahinzuschweben. Sie steigen nicht auf und gehen nicht unter. Ihr Gewicht ist genauso groß wie die Menge Wasser, die sie verdrängen – Gewicht und Auftrieb halten sich die Waage. (Ähnlich liegt der Fall bei einer Seife. Auch ein Seifenstück wiegt etwa gleich viel wie ein gleich großes „Stück" Wasser. Deshalb treibt sie in der Badewanne dahin, ohne unterzugehen oder aufzutauchen.) Fische können aber den Auftrieb durch ihre Fischblase – einen luftgefüllten Muskel – noch fein steuern. Der Fisch kann sie zusammenziehen und ausdehnen. Wenn er die Fischblase ausdehnt, wird der ganze Fisch eine Spur dicker. Er verdrängt etwas mehr Wasser und steigt langsam im Wasser zur Oberfläche auf. Wenn er dagegen die Fischblase zusammenzieht, verkleinert sich das Volumen des Fisches: Er sinkt unmerklich in tiefere Wasserschichten hinunter.

Wieso pfeift der Wasserkessel?

Kochendes Wasser verwandelt sich in Wasserdampf Die Zusammensetzung des Wassers bleibt dabei gleich. Was sich ändert, ist sein Zustand. Als Wasserdampf ist Wasser in gasförmigem Zustand, als Eis in festem Zustand. Sobald sich Wasser in Dampf verwandelt, dehnt es sich aus. Der Dampf braucht mehr Platz. Wenn das Wasser nun im Kessel kocht, schafft es sich diesen Platz. Der Dampf faucht aus dem Ausguss. Auf manche Wasserkessel kann man ein Ventil setzen. Wenn sich der Dampf ausdehnt, muss er durch ein System von Gängen pfeifen. Dadurch entsteht ein hoher, schriller Ton. Nun weiß man, dass das Wasser kocht. Dampf kann aber viel mehr, als bloß einen Kessel zum Pfeifen zu bringen. Die Kraft, mit der er sich ausdehnt, kann riesige Maschinen antreiben.

Warum klappert der Deckel, wenn das Wasser kocht?

Die allereinfachste Dampfmaschine ist ein Kochtopf mit Deckel. Sobald das Wasser kocht, verwandelt es sich in Wasserdampf, der sich ausdehnt. Im Kochtopf entsteht ein Überdruck, der den Deckel hochtreibt. Sobald aber eine bestimmte Menge Dampf herausgeschossen ist, sinkt der Druck im Topf, und der Deckel fällt klappernd zurück. So eine „Kochtopf-Dampfmaschine“ wäre natürlich nutzlos. Aber vom Erfinder James Watt erzählt man sich, dass er durch das Klappern eines Kochtopfs auf die Idee gekommen ist, die Kraft, die den Deckel hochhebt, in einer Maschine zu nutzen.

Wer spielte als Erster mit der Dampfkraft?

James Watt, einer der Erfinder der Dampfmaschine, war allerdings nicht der erste Konstrukteur, der mit Dampfkraft experimentierte. 1 800 Jahre vor ihm hatte ein griechischer Physiker namens Heron eine Art Dampfkreisel erfunden. Dieses Gerät drehte sich nach dem Rückstoßprinzip. Die alten Griechen betrachteten es als hübsches Spielzeug. Auf die Idee, damit Maschinen anzutreiben, kam damals niemand.

Wie funktioniert eine Dampfmaschine?

In einem geschlossenen Kessel wird Wasser zum Kochen gebracht. Der Dampf kann nur durch Leitungen entweichen, die zu einem Rohr führen. In diesem Rohr, einem so genannten Zylinder, befindet sich ein beweglicher Kolben. Der Dampfdruck schiebt den Kolben zurück, und der Kolben bewegt eine Stange, die eine Kurbel dreht. Sobald der Dampf diese Arbeit geleistet hat, entweicht er durch ein Ventil und wird in einem Leitungssystem aufgefangen. Leistungsfähige Dampfmaschinen sind natürlich außerordentlich kompliziert konstruierte Gebilde.

Woher kommt die Dampfkraft?

Sämtliche Motoren und Maschinen wandeln bestimmte Energieformen in eine andere Form um, die wir für unsere Zwecke besser gebrauchen können. Man muss also in jede Maschine zuerst Energie stecken, um sie in anderer Form wieder herauszubekommen. Die Energie, die man in eine Dampfmaschine stecken muss, ist Wärmeenergie: In Dampfmaschinen wird Brennstoff verfeuert. Meistens ist das Kohle. Die Kohle verbrennt und liefert Hitze. Hitze verwandelt Wasser in Dampf. Und Dampf treibt die Maschine an, die mechanische Energie liefert; das ist jene Form von Energie, die etwas in Bewegung setzt. Eine Dampfmaschine ist also ein Gerät, das aus Hitze Bewegung erzeugt.

Wie arbeitet eine Schiffsschraube?

Schiffsschrauben „schrauben“ sich tatsächlich durchs Wasser. Dabei stoßen sie das Wasser nach hinten und drücken damit das Schiff in Fahrtrichtung. Die ersten Schiffsschrauben sahen auch wie Schrauben aus. Sie waren lange Stäbe mit einem Gewinde wie bei einer Holzschraube. Eine Dampfmaschine drehte die Schraube, die sich durch das Wasser wand wie ein Korkenzieher durch einen Korken. Dann entdeckte man, dass kurze Schrauben weniger Wasserwirbel erzeugen und das Schiff schneller antreiben. Aus der Schraube wurde ein Propeller: Auf einer Achse sitzen kurze, schräg gestellte Flügel, die in sich gewunden sind. Bei schneller Drehung erzeugen sie – ähnlich wie Flugzeugpropeller in der Luft – eine Kraft, die das ganze Schiff antreibt.

Warum misst man die Geschwindigkeit eines Schiffes in Knoten?

Schiffe geben ihr Fahrttempo nicht in Stundenkilometern, sondern in Knoten an. Ein Knoten entspricht einer Seemeile (1,85 Kilometer) pro Stunde. Der merkwürdige Name „Knoten“ ist ein Überbleibsel aus den Tagen der Segelschifffahrt. Für die Seeleute war es früher gar nicht so einfach herauszufinden, wie schnell ihr Schiff eigentlich unterwegs war. Sie behalfen sich mit einer simplen Art von Tachometer. In eine Schnur waren in regelmäßigen Abständen Knoten geknüpft. An ein Ende band man einen Holzbalken und warf ihn ins Wasser. Die Schnur spulte langsam von einer Rolle ab. Je schneller das Schiff unterwegs war, desto mehr Knoten pro Stunde liefen ab, und daraus konnte man die Fahrtgeschwindigkeit errechnen. Dieser Geschwindigkeitsmesser funktionierte auch in stockdunkler Nacht. Der wachhabende Matrose ließ einfach die Schnur durch die Finger laufen und zählte dabei die Knoten.

Warum fahren Ruderer mit dem Rücken voran?

Ein Ruderer kommt schneller voran, wenn er mit dem Rücken zur Fahrtrichtung sitzt. Das ist zwar unbequem, weil er sich umdrehen muss, um zu sehen, wohin er fährt – dafür kann er aber seine Muskelkraft besser einsetzen. Ein Ruder funktioniert nämlich wie ein Hebel. Es wird an einem Drehpunkt, der so genannten Dolle, gedreht. Wenn man das Ruder am Griff anhebt und nach vorne in Fahrtrichtung zieht, bewegt sich das Ruderblatt nach unten und nach hinten. Dabei taucht es ins Wasser und drückt auch das Wasser nach hinten. Das Boot fährt also in die Richtung, in die der Griff gezogen wird. Für einen Ruderer ist es weniger anstrengend, den Griff des Ruders zu sich heranzuziehen, als ihn von sich wegzustoßen. Beim Paddeln sieht es anders aus. Hier liegt das Paddel auf keinem festen Drehpunkt auf. Der Paddler kann in Fahrtrichtung schauen, wenn er das Paddel ins Wasser taucht und damit das Wasser nach hinten drückt und sein Boot nach vorne schiebt.

Was ist der Bremsweg?

Der Bremsweg ist die Strecke, die ein Fahrzeug – ein Schiff, ein Auto oder ein Zug – nach einer Vollbremsung noch zurücklegt, bis es endlich stillsteht. Der Bremsweg ist umso länger, je schneller das Fahrzeug unterwegs war, je schwerer es ist und je schwächer die Bremsen angreifen. Bei gleicher Geschwindigkeit hat ein Auto einen kürzeren Bremsweg als ein Zug oder ein Schiff. Bei einer Geschwindigkeit von 50 Stundenkilometern beträgt der Bremsweg eines Autos 30 Meter.

Wie bremsen Schiffe auf dem Wasser?

Straßenfahrzeuge und Schienenfahrzeuge bremsen, indem sie die Räder blockieren oder langsamer laufen lassen. Die Reibung zwischen Bremse und Rad und zwischen Rad und Straße oder Schiene bringt das Fahrzeug zum Stehen. Bei Schiffen ist das nicht so einfach wie bei Autos oder Eisenbahnen. Schiffe haben keinen direkten Kontakt zur festen Erde – bei ihnen dienen die Schiffsschrauben auch als Bremsen. Bei einer Vollbremsung drehen sie sich mit voller Kraft in die Gegenrichtung.

Wie lang ist der Bremsweg eines Supertankers?

Supertanker haben eine gewaltige Masse. Die größten von ihnen sind einen halben Kilometer lang und wiegen bei voller Ladung nahezu eine Million Tonnen. Diese gewaltige Masse braucht lange, um in Fahrt zu kommen – und ebenso lange, um wieder gestoppt zu werden. Der Bremsweg eines Supertankers beträgt normalerweise 30 Kilometer, und das ganze Bremsmanöver dauert zwei Stunden. Selbst bei einer Notbremsung, wenn die Maschinen mit voller Kraft rückwärts laufen, dauert es noch 25 Minuten, bis der Supertanker nach sieben Kilometern steht. Supertanker sind daher sehr schwer zu steuern. Auch Ausweichmanöver sind schwierig. Bei einer plötzlichen Kurvenfahrt würden gewaltige Kräfte am Schiffsrumpf zerren und das Schiff zerbrechen.

Warum fährt ein ungebremstes Fahrzeug nicht endlos weiter?

Alle Fahrzeuge, die sich auf dem Wasser, auf der Erde oder in der Luft bewegen, müssen ständig angetrieben werden. Sonst verlieren sie an Geschwindigkeit und bleiben stehen. Ihrer Fahrt wirken verschiedene Kräfte entgegen: Bei Schiffen ist es der Wasserwiderstand und bei Flugzeugen der Luftwiderstand. Bei rollenden Fahrzeugen wie Autos und Zügen kommt zum Luftwiderstand noch der Rollwiderstand als Bremsfaktor hinzu. Beim Abrollen der Räder entstehen Reibungskräfte, die das Fahrzeug mit der Zeit abbremsen; sie „fressen" langsam, aber sicher den Schwung auf und bremsen das Fahrzeug ab. Das ist auch der Grund, warum sich Fahrzeuge auf der Erde bei abgeschaltetem Antrieb nicht endlos fortbewegen können. Nur Raumschiffe im Weltall sind dazu in der Lage. Sie verlieren beim Flug durch den luftleeren Raum kein Tempo, weil es im Weltall keine Luft gibt, die einen Flugkörper abbremsen könnte.

Weshalb fliegen Raumschiffe auch ohne Antrieb immer weiter?

Solange ein Raumschiff nicht von der Anziehungskraft eines Himmelskörpers abgelenkt oder eingefangen wird, fliegt es mit gleicher Geschwindigkeit immer geradeaus. Die Ursache dafür ist die Trägheit seiner Masse. Wenn von außen keine Kräfte auf einen Körper einwirken, verändert sich sein Bewegungszustand nicht. Es braucht Kraft, ein Raumschiff abzubremsen oder in eine Kurve zu zwingen. Im äußeren Weltall, fernab von der Anziehungskraft von Sternen und Planeten, gibt es solche Kräfte nicht. Nur wenn ein Raumfahrzeug oder ein Komet in die Nähe eines Sternes oder Planeten kommt, beginnt die Schwerkraft des Himmelskörpers an ihm zu ziehen. Es muss seine gerade Flugbahn verlassen und wird in eine Kurve gezwungen.

Warum sind Luftkissenfahrzeuge schneller als normale Schiffe?

Luftkissenboote sind Schiffe, die bei voller Fahrt über dem Wasser schweben. Gewaltige Düsen blasen Luft unter den Schiffsrumpf, und dieses in einer riesigen Gummimanschette eingefangene Luftkissen hebt das Boot und trägt es über das Wasser. Luftschrauben – ähnlich wie Flugzeugpropeller – halten das Fahrzeug in Fahrt. Solche Schiffe müssen nicht durchs Wasser pflügen und daher keinen Wasserwiderstand überwinden. Sie sind daher schneller. Außerdem schaukeln sie bei Wellen nicht, weil das Luftkissen die Wellenberge und Wellenkämme ausgleicht. Man nennt diese Fahrzeuge auch Hovercraft. Sie sind – im Vergleich zu normalen Schiffen und zu Landfahrzeugen – große Energiefresser. Es braucht eine Menge Kraft, ein großes, viele Tonnen schweres Luftkissenboot aus dem Wasser zu heben.

Was hebt einen Wasserskiläufer aus dem Wasser?

Ein Wasserskiläufer braucht Tempo, um sich aus dem Wasser zu heben. Solange er im Wasser steht, muss er trotz der angeschnallten Skier wie ein normaler Schwimmer aufpassen, dass er nicht untergeht. Sobald er sich aber von einem Boot vorwärts ziehen lässt, heben ihn die schräg gestellten Skier aus dem Wasser. Sie funktionieren wie Tragflächen und erzeugen ab einem bestimmten Tempo so viel Auftrieb, dass der Läufer über die Wasseroberfläche gleitet. Der Auftrieb ist stärker als das Gewicht des Läufers. Sobald das Boot jedoch langsamer fährt, wird der Auftrieb geringer, und der Wasserskiläufer sinkt wieder ein.

Wieso kann ein Unterseeboot untertauchen?

Unterseeboote sind Schiffe, die Rumpf und Aufbauten wasser- und luftdicht verschließen können. Sie können wie normale Schiffe auf der Wasseroberfläche fahren, sie können aber auch untertauchen und ihre Fahrt unter Wasser fortsetzen. Ein U-Boot hat ein System von

Schwimmkörpern, das ihm erlaubt, unterzutauchen und die Tauchtiefe zu verändern. Bei einer Oberwasserfahrt sind diese so genannten Tauchzellen mit Luft gefüllt. Sie erzeugen den nötigen Auftrieb, um das U-Boot auf dem Wasser zu halten. Will das U-Boot auf Tauchfahrt gehen, öffnet es die Schleusen der Tauchzellen, Wasser flutet herein. Das U-Boot wird immer schwerer und sinkt unter Wasser. So kann eine bestimmte Tauchtiefe eingestellt werden. Zum Auftauchen presst man Druckluft in die Tauchzellen: Das Wasser wird aus dem U-Boot gedrückt, das Schiff wird leichter und steigt wieder auf.

Wozu dienen Unterseeboote?

Die ersten seetüchtigen Unterseeboote sind vor etwa 100 Jahren als Kriegswaffen entwickelt worden. Ziel war es, ein Schiff zu bauen, das sich ungesehen an feindliche Kriegsschiffe heranpirschen und sie beschießen konnte. Auch heute stehen die meisten U-Boote im Dienst der Kriegsmarinen. Viele von ihnen sind mit Atomraketen bestückt. Unterseeboote dienen aber auch friedlichen Zwecken, zum Beispiel der Erforschung der Tiefsee. Kleine U-Boote bringen Touristen zu Korallenriffen, wo man die bunte Unterwasserwelt bestaunen kann, ohne nass zu werden.

Warum gibt es keine Passagier-U-Boote?

Allerdings gibt es keine großen Unterseeboote, die Passagiere über das Meer befördern könnten. U-Boote sind viel teurer als normale Schiffe, weil sie mit einer aufwendigen Sicherheitstechnik ausgestattet sein müssen. Außerdem sind sie normalerweise recht langsam unterwegs. Der Wasserwiderstand, den ein U-Boot auf Tauchfahrt überwinden muss, ist sehr hoch. Ein gleich großes, normales Schiff, das auf dem Wasser fährt, verdrängt viel weniger Wasser und ist bei gleichem Krafteinsatz wesentlich schneller.

Warum haben manche U-Boote einen Atomantrieb?

Unterseeboote mit Dieselmotoren haben ein Problem: Zur Verbrennung von Treibstoff im Motor braucht man viel Luft. Deshalb haben viele U-Boote einen zweifachen Antrieb: Über Wasser fahren sie mit Dieselmotoren, unter Wasser mit batteriebetriebenen Elektromotoren. U-Boote, die lange Zeit und weite Strecken unter Wasser bleiben müssen, haben Atomreaktoren an Bord. Das sind kleine Atomkraftwerke, die auch ohne Luftzufuhr arbeiten können. Der Sauerstoff für die Mannschaft wird aus dem Meerwasser gewonnen.

Wie kann ein Flugzeug auf einem Schiff landen?

Flugzeugträger sind gigantische Kriegsschiffe, die als schwimmende Start- und Landebahnen für Kampfflugzeuge dienen. Die Landebahn auf einem Flugzeugträger ist etwa 300 Meter lang und 80 Meter breit. Das reicht aus, um die Flieger starten zu lassen. Bei der Landung werden die Flugzeuge mit starken Stahlnetzen aufgefangen. Sonst würden sie nach dem Aufsetzen trotz Vollbremsung über die Landebahn hinausschießen und ins Meer stürzen.

Was bedeuten „Backbord" und „Steuerbord"?

Backbord und Steuerbord sind Ausdrücke der Seemannssprache. Vom Heck aus gesehen ist Backbord die linke, Steuerbord die rechte Seite. In der alten Schifffahrt befand sich das Steuerruder auf der rechten Seite des Schiffes; daher Steuerbord. Der Matrose, der das Steuerruder bediente, stand so, dass er die linke Seite des Schiffes im Rücken hatte. Er wandte dieser Seite, der Backbordseite, sein Gesäß (die „Backen") zu.

Nach welcher Seite müssen Schiffe ausweichen?

Wie die Autos auf unseren Straßen müssen auch Schiffe auf Wasserstraßen auf der rechten Seite fahren. Wenn zwei Schiffe auf hoher See aufeinander zufahren, muss jeder Kapitän sein Schiff nach rechts steuern. So vermeidet man Zusammenstöße. Diese Regel gilt auf allen Meeren. Beim Straßenverkehr ist es anders. In England und Irland beispielsweise herrscht Linksverkehr, während in den meisten anderen Ländern die Autos auf der rechten Straßenseite fahren müssen.

Was ist ein Feuerschiff?

Feuerschiffe sind schwimmende Leuchttürme. Sie ankern dort, wo Untiefen die Schiffe gefährden könnten und wo man keinen Leuchtturm bauen kann, zum Beispiel an Sandbänken. Feuerschiffe warnen Schiffe und Boote vor diesen gefährlichen Stellen mit Lichtsignalen, so genannten Leuchtfeuern. Daher kommt auch der Name „Feuerschiff". An gefährlichen Landvorsprüngen mit festem, felsigem Untergrund oder vor Hafeneinfahrten stehen dagegen Leuchttürme.

Warum kann man eine Flamme mit Luft ausblasen?

Ein kraftlos vor sich hin glosendes Feuer kann man tüchtig anheizen, indem man hineinpustet oder mit einem Blasebalg hineinbläst. Mit der Luft strömt auch frischer Sauerstoff zu, und die Flammen lodern wieder hoch. Ein zu starker Luftstrom allerdings kann das Feuer auch ausblasen. Dabei wird die Flamme weggerissen. Die Temperatur an der Oberfläche des brennenden Materials sinkt im kühlen Luftstrom so stark ab, dass sich der Brennstoff nicht von selbst wieder entzünden kann. Durch Ausblasen kann man nicht nur Kerzen, sondern sogar brennende Erdölquellen löschen, indem in der Nähe des Brandherdes Sprengladungen gezündet werden. Die Explosion erzeugt einen gewaltigen Luftstoß, der das Feuer ausbläst.

Was bedeutet eigentlich das Wort Automobil?

Das Wort Automobil ist aus dem griechischen Wort „autos" für *selbst* und dem lateinischen Wort „mobilis" für *beweglich* zusammengesetzt. Ein Automobil ist ein „Selbstbeweger". Für uns ist es selbstverständlich, dass es Dinge gibt, die sich von selbst bewegen, weil sie von einem Motor angetrieben werden. Auf unsere Vorfahren hat das vor mehr als 100 Jahren wie ein Wunder gewirkt. Alle Straßenfahrzeuge wie Kutschen oder Karren wurden ja gezogen, nämlich von Pferden, Eseln oder Rindern. Als Carl Benz, einer der Erfinder des Autos, mit seiner pferdelosen Kutsche durch die Straßen knatterte, waren die Leute ganz aus dem Häuschen. Sie erschraken nicht nur vor dem Gestank und dem Lärm des Fahrzeugs. Was sie am meisten verblüffte, war die Tatsache, dass dieses Gefährt „von selbst" fuhr.

Was ist ein Oldtimer?

Ein Oldtimer ist etwas, was aus der alten Zeit („old time“) stammt. So nennt man Autos, die vor 1960 gebaut wurden. Die ältesten Oldtimer, die vor etwa 100 Jahren auf den Straßen fuhren, stehen heute in Museen. Jüngere Oldtimer werden von Liebhabern gesammelt, gepflegt und manchmal auch ausgefahren. Einer der bekanntesten Oldtimer ist das Modell „T“ der Marke Ford. Dieses Fahrzeug fuhr erstmals 1912 in den USA und war das erste Auto, das nicht von Handwerkern in Garagen, sondern in einer Fabrik an Fließbändern zusammengebaut wurde. So konnte es billiger hergestellt werden. Insgesamt wurden 15 Millionen Stück verkauft. Eines Tages werden auch die Autos, die heute auf den Straßen fahren, als Oldtimer gelten.

Wie funktioniert eine Seilschwebebahn?

Wo Menschen und Lasten auf Berge befördert werden müssen und keine Straßen oder Schienen gebaut werden können, fahren Seilschwebebahnen. Die Waggons einer Seilbahn hängen an Stahlseilen: Die Räder sitzen auf dem Dach und sind im Tragseil wie auf einer Schiene eingehängt. Die meisten Seilbahnen haben zwei Kabinen oder Gondeln, von denen jeweils eine hochfährt und die andere gleichzeitig hinunterschwebt. Es gibt zwei Seile. Das Tragseil funktioniert ähnlich wie die Schiene der Eisenbahn. Es verbindet die Bergstation mit der Talstation und liegt oft auf Stützmasten auf. Am Tragseil hängt die Gondel und läuft daran auf Rollen. Das andere Seil ist das Zugseil. Es schleppt die Kabinen auf und ab. Beide Kabinen sind durch das Zugseil fest miteinander verbunden. Das Seil ist gerade so lang wie die ganze Strecke; an der Bergstation läuft es über eine Rolle. Wenn die eine Kabine hoch am Berg hängt, befindet sich die andere im Tal. Nun rollt die eine Kabine auf dem Tragseil hinunter ins Tal. Dabei zieht sie die andere Kabine am Zugseil mit hoch. Mit diesem Trick kann man sich viel Kraft zum Hochschleppen und Bremsen der Kabinen sparen. Beide Kabinen sind immer gleichzeitig unterwegs und fahren dabei in verschiedene Richtungen. In der Mitte der Strecke fahren sie aneinander vorbei.

Warum gibt es auf Eisenbahnstrecken so wenig Steigung?

Auf steilen Strecken würden die Antriebsräder einer normalen Eisenbahn durchrutschen. Zwischen dem Stahl der Räder und dem Stahl der Schienen gibt es sehr wenig Reibung. Züge haben daher sehr wenig Rollwiderstand. Das spart Energie. Ein Zug, der ungebremst ausrollt, kann noch mehrere Kilometer weit dahinfahren, bis er endlich steht. Zwischen den Gummireifen von Autos und dem rauen Asphalt gibt es viel mehr Reibung als zwischen den Stahlrädern eines Zuges und der Stahlschiene. Autos rollen daher weniger leicht dahin. Dafür haften die Reifen stärker auf der Straße. Autos können aus diesem Grund steilere Strecken bewältigen als Eisenbahnen.

Warum kann eine Zahnradbahn so steile Strecken hochfahren?

Wenn ein Zug steil bergauf fahren soll, setzt man Zahnradbahnen ein. Die Lokomotive fährt wie ein normaler

Zug auf Schienen. Die Kraft der Maschine wird aber nicht auf die normalen Räder, sondern auf ein Zahnrad übertragen. Die Zähne des Antriebsrades greifen in die Lücken einer gezahnten Spezialschiene, die zwischen den normalen Schienen liegt. Diese gezackte Schiene nennt man Zahnstange. Sie bildet das Gegenstück zum Zahnrad. Zahnradlokomotiven haben sehr starke Motoren und fahren langsam. Sie müssen die schweren Waggons steile Strecken hochziehen. Die Talfahrt wird durch eine Reihe von Bremssystemen gesichert, die den Zug bei Gefahr in den Schienen festklammern.

Von welchem Autotyp wurden die meisten Exemplare gebaut?

Vom VW-Käfer gibt es über 21 Millionen Stück. Die robusten Käfer wurden bis 2003 in Brasilien gebaut. Sein Nachfolger, der Golf, brachte es bis zum Jahr 2002 auf 22 Millionen Exemplare. 15 Millionen wurden vom Modell „T“ (Ford) produziert. Dieser Oldtimer stammt aus dem Jahr 1912 und war das allererste Auto, das in einer Großserie am Fließband gebaut wurde.

Gibt es Autos mit Dampfmaschinen?

In der Frühzeit der Automobile bauten manche Konstrukteure Dampfmaschinen in ihre Fahrzeuge ein. Diese Dampfautos waren anfangs auch recht erfolgreich. Das Siegerauto im ersten Autorennen der Welt (1894 in Frankreich) hatte noch einen Dampfmotor. Später stellte sich heraus, dass leistungsfähige Dampfmaschinen zu groß und zu schwer sind, um sie in Autos einzubauen. Autos werden deshalb normalerweise von den leichteren Verbrennungsmotoren angetrieben, bei denen Benzin oder Diesel die Energie liefern. Dass Autos aber auch mit Dampfkraft laufen können, beweist der „Steamin' Devil“ (Dampfteufel). Dieses Versuchsfahrzeug ist das schnellste von einer Dampfmaschine angetriebene Auto der Welt und erreichte immerhin eine Geschwindigkeit von 245 Kilometern pro Stunde.

Welche Art von Automotor hat keine Zündkerzen?

Der Dieselmotor ist so konstruiert, dass sich der Dieseltreibstoff im Zylinder unter hohem Druck von selbst entzündet. Benzinmotoren (Ottomotoren) brauchen Zündkerzen, die das Gemisch aus Kraftstoff und Luft im Zylinder zur Explosion bringen. Dieselmotoren, benannt nach ihrem Erfinder Rudolf Diesel, sind schwächer als gleich große Benzinmotoren, brauchen aber weniger Treibstoff und sind robuster. Fast alle größeren Fahrzeuge, zum Beispiel Lastkraftwagen, aber auch Schiffe und viele Lokomotiven, haben Dieselmotoren.

Wie viele Zylinder braucht ein Automotor?

Mindestens einen Zylinder. Das erste fahrtüchtige Auto hatte einen Einzylindermotor, den der Erfinder Carl Benz im Jahr 1885 auf ein Dreirad montierte. Dieser frühe Automotor war 120 Kilogramm schwer, jedoch nur ein PS stark. Das Gefährt erreichte eine Spitzengeschwindigkeit von 16 Stundenkilometern. Heute haben die meisten Autos einen Vierzylindermotor. Schnelle und starke Autos haben auch sechs, acht oder zwölf Zylinder.

Auf welcher Seite sitzt im Flugzeug der Pilot?

In Passagierflugzeugen sitzt der Pilot immer links. Rechts von ihm hat der Kopilot seinen Platz. Bei Verkehrsflügen mit Passagieren haben immer zwei Piloten Dienst. So können die Fahrgäste sicher sein, dass das Flugzeug auch dann sicher gesteuert wird, wenn der Chefpilot plötzlich krank wird. Die Sicherheitsvorkehrungen gehen so weit, dass die beiden Piloten auf längeren Flügen verschiedene Sachen essen. Eines der im Flugzeug angebotenen Gerichte könnte ja verdorben sein, und die Piloten könnten sich eine Lebensmittelvergiftung holen. Wenn sie verschiedene Gerichte essen, ist diese Gefahr geringer.

Warum werden Flugzeuge im Flug heiß?

Reibung erzeugt Hitze. Das erkannten schon die Steinzeitmenschen, die zum Feuermachen Holz auf Holz rieben; und das merkt jeder, der bei Kälte die Hände reibt. Auch die Reibung an der Luft erzeugt Hitze. Dazu muss ein fliegender Gegenstand jedoch sehr schnell unterwegs sein. Die Außenhaut eines schnellen Flugzeugs beispielsweise heizt sich durch die Reibung an der

Luft bis auf 500 Grad Celsius auf. Deshalb darf man den Rumpf eines Düsenjägers nach der Landung nicht anfassen. Weltraumfahrzeuge wie die Spaceshuttles, die nach einem Raumflug wieder in die Erdatmosphäre eintauchen, haben spezielle feuerfeste Schutzschilde aus Keramikplatten. Sie verhindern, dass das Fahrzeug durch die Reibung wie eine Sternschnuppe verglüht.

Was heißt „Omnibus" auf Deutsch?

Es bedeutet *für alle*. Omnibusse sind öffentliche Verkehrsmittel, die keinem Fahrgast mit einem gültigen Ticket die Mitfahrt verweigern dürfen.

Aus „Omnibus“ und „Automobil“ entstand das Wort „Autobus“. Die allerersten Busse wurden von Pferden gezogen. In Paris gab es den ersten öffentlichen Linienverkehr mit achtsitzigen Kutschen im Jahr 1662.

Welches ist das sicherste moderne Fortbewegungsmittel?

Das ist der Fahrstuhl. Einem Fahrgast im Lift droht, statistisch gesehen, ein Unfall erst nach 160 Millionen Kilometern Liftfahrt. Treppensteigen ist viel gefährlicher. Hier sind Unfälle fünfmal so häufig wie beim Fahren im Fahrstuhl.

Wo gab es die ersten Autobahnen?

Die erste Autobahn der Welt wurde in Italien gebaut. Das war im Jahr 1924. Die erste deutsche Autobahn (von Köln nach Bonn) wurde 1932 eröffnet. Anders als auf normalen Straßen gibt es auf Autobahnen keinen Gegenverkehr und keine Kreuzungen. Im Grunde handelt es sich um zwei nebeneinander liegende Straßen, die durch Leitplanken und einen Grünstreifen voneinander getrennt sind. Autobahnen haben auf jeder Richtungsfahrbahn mindestens zwei Fahrstreifen.

Warum haben Traktoren so große Räder? 

Traktoren sind Zugmaschinen in der Landwirtschaft. Sie sind vor allem dafür gebaut, über unbefestigte Feldwege und über weiche Äcker zu fahren. Dabei dürfen sie nicht einsinken. Deshalb muss die Fläche, auf welcher der Reifen auf den Untergrund drückt, möglichst groß sein. Das erreicht man, indem man breite Antriebsräder mit großem Durchmesser einsetzt. Auf kleinen, schmalen Hinterrädern, auf denen das meiste Gewicht lastet, würde der Traktor bei Ackerfahrten hoffnungslos einsinken. Die Zugmaschine würde stecken bleiben. Die groben Stollen sorgen dafür, dass die Reifen gut greifen und nicht durchdrehen. Große Räder haben außerdem den Vorteil, dass sie Löcher und tiefe Pfützen leichter überbrücken können. Die Vorderräder eines Traktors sind kleiner. Auf ihnen lastet weniger Gewicht, und sie müssen das Gefährt nicht antreiben.

Was ist der Vorteil von Raupenschleppern? 

Planierraupen, Raupenschlepper und Panzer nennt man auch Kettenfahrzeuge oder Gleiskettenfahrzeuge. Bei diesen schweren Gefährten laufen die Räder nicht auf dem Boden, sondern auf breiten Gleisketten, die auf dem Untergrund ablaufen. So wird das Gewicht der viele Tonnen schweren Fahrzeuge auf eine große Fläche verteilt, und sie können nicht so leicht einsinken wie Räderfahrzeuge. Gleisketten rutschen nicht durch und bewegen sich auf schwierigem Gelände abseits der Straße sicher. Raupenschlepper ziehen schwere Lasten, und Planierraupen schieben mit ihrem Schild große Erdmengen vor sich her. Sie können auch steile Strecken überwinden, ohne dass die Ketten durchrutschen.

Welt und Umwelt

Warum ist es bei uns nicht so kalt wie in Sibirien?

Die Stadt Nowosibirsk in Sibirien liegt nicht viel weiter nördlich als Berlin. Trotzdem ist es dort im Winter grimmig kalt. Die Temperaturen fallen in Sibirien nicht selten unter 40 oder 50 Grad Celsius. Der Grund, warum es in dieser Weltgegend so viel kälter ist als in Mittel- und Westeuropa, ist folgender: Sibirien liegt im asiatischen Festland und grenzt im Norden an das Eismeer. Das Klima in Europa dagegen steht unter dem Einfluss einer gewaltigen warmen Meeresströmung. Das warme Wasser des Golfstroms fließt aus dem Golf von Mexiko, einer riesigen Bucht zwischen Florida und Mexiko, im Schritttempo quer über den Atlantischen Ozean. Das warme Wasser, das an die Küsten von West- und Nordeuropa gespült wird, erwärmt die Luft. Ohne den Golfstrom wäre es in Norddeutschland so kalt wie in Sibirien, und Skandinavien wäre von ewigem Eis bedeckt. Die Wassermassen im Meer wirken wie ein riesiger Wärmepuffer, da das Meer sehr lange braucht, bis es sich in der Hitze aufheizt und bei Kälte friert.

Weshalb wachsen in der Steppe keine Bäume?

Steppen sind weite, baumlose Grasländer. Es gibt sie auf allen Kontinenten außer in der Antarktis. Steppen liegen in Gebieten, in denen wenig Regen fällt: zu wenig Regen, um Bäume wachsen zu lassen, aber zu viel, um das Land verdorren und eine Wüste entstehen zu lassen. Ein typisches Steppengebiet ist die durch zahlreiche Wildwestfilme bekannte nordamerikanische Prärie. In den verschiedenen Ländern haben die Steppen verschiedene Namen. In Argentinien heißen sie „Pampa“, in Südafrika „Veldt“, in Australien „Busch“ und in Europa, in Ungarn, „Puszta“.

Was ist der Unterschied zwischen einer Steppe und einer Savanne?

Baumlose Steppen und Savannen bedecken etwa ein Viertel des Festlandes. In gemäßigten und kalten Klimazonen wird das Gras höchstens zwei Meter hoch; diese Gebiete nennt man Steppe. In tropischen Ländern kann das Gras bis zu vier Meter hoch aufschießen. Dieses Grasland nennt man Savanne.

Kann man unter den Polen durchtauchen?

Der Südpol liegt auf dem Kontinent Antarktis, der über weite Gebiete kilometerdick mit Eis bedeckt ist. Wenn man dort ein Loch bohrt, stößt man irgendwann auf Fels. Auch der Nordpol ist mit Eisplatten bedeckt, die aber auf dem Wasser schwimmen. Deshalb kann ein U-Boot unter dem Nordpol durchtauchen. Erstmals hat dies 1958 das U-Boot „Nautilus“ geschafft.

Leben am Südpol Menschen?

Die Antarktis ist der einzige Erdteil, der praktisch unbewohnt ist. In der südpolaren Region halten sich nur ein paar hundert Wissenschaftler auf; Ureinwohner gibt es in der Antarktis nicht. Die Eskimos oder Inuit leben am anderen Ende der Erde, in den arktischen Regionen am Rande des Nordpolgebietes. In den Siedlungsräumen der Eskimos ist das Klima allerdings nicht ganz so menschenfeindlich wie in der Antarktis. Der Südpol-Kontinent ist deshalb auch der einzige Kontinent, auf dem der Mensch die Umwelt noch nicht zerstört hat. Gefahr droht der Antarktis dennoch. Unter dem Eispanzer werden nämlich reiche Bodenschätze vermutet.

Was ist ein Atoll?

Atolle sind Inselgruppen in der Südsee mit einer eigenartigen Ringform. Solche Inseln haben eine merkwürdige Geschichte und zeigen, dass sich der Meeresspiegel im Laufe der Erdgeschichte immer wieder gehoben und gesenkt hat. Einst waren die Atolle ganz normale kleine Inseln. Rundherum bildeten sich Korallenriffe, die bis knapp unter die Wasseroberfläche wuchsen. Als das Wasser im Laufe von vielen tausend Jahren stieg, wuchsen die Korallenriffe mit – die Insel in der Mitte wurde vom Wasser überspült. Später sank der Meeresspiegel wieder ein Stück weit, und jetzt ragen die Korallenriffe als ringförmige Inseln aus dem Wasser.

Wie kommt es, dass Korallenriffe wachsen können?

Korallenriffe sind eine Art Kalkstein, der aus den Skeletten kleiner Meerestierchen, den Korallenpolypen, besteht. Diese Meerestiere siedeln an seichten Stellen auf dem Grund warmer Meere. Die jungen Polypen siedeln sich auf den harten Überresten ihrer Vorfahren an. Im Laufe von vielen tausend Jahren wächst das Riff immer höher. Das größte Korallenriff ist das Great-Barrier-Riff vor der australischen Küste. Es ist über 2 000 Kilometer lang und durchschnittlich 250 Kilometer breit. Damit ist es das größte von Lebewesen erzeugte Gebilde auf der Erde. In der Südsee sind viele kleinere Inseln von Korallenriffen umgeben.

Was ist das härteste natürliche Material?

Diamanten sind so hart, dass man sie nur mit anderen Diamanten ritzen kann. Dabei besteht dieser Edelstein aus demselben Grundstoff wie Steinkohle, nämlich aus Kohlenstoff. Diamanten entstanden im Laufe von Millionen Jahren unter dem ungeheuer starken Druck und der Hitze im Erdinneren. Dabei hat sich die Anordnung der Kohlenstoffatome so verändert, dass aus einem weichen Stück Kohle der Diamant wurde. Gegen große Hitze ist ein Diamant allerdings nicht gefeit. Bei Temperaturen von mehr als 900 Grad Celsius verbrennt der wertvollste Diamant wie ein Stück Kohle.

Gibt es auch im Meer Erdbeben?

Erdbeben in den Tiefen der Meere nennt man Seebeben. Sie können ebenso furchtbare Folgen haben wie Landbeben. Die Erschütterungen auf dem Meeresgrund lösen nämlich manchmal riesige Wellen aus, die sich an der Oberfläche mit hoher Geschwindigkeit fortpflanzen. Schiffe bemerken nichts davon, weil die Wellenberge oft hunderte Meter breit sind. Wenn die Wellen allerdings in die Nähe von Küsten gelangen, türmen sie sich zu wahren Giganten auf und verwüsten ganze Küstengegenden. Riesenwellen dieser Art nennt man Tsunamis. Das japanische Wort heißt übersetzt „Hafenwelle" – ein Tsunami überspringt nämlich mühelos die Hafenmauern und kann die Schiffe im Hafen zerschmettern.

Wovon ernähren sich die Tiere in der Tiefsee?

In die tieferen Schichten der Meere dringt kein Licht. Schon ab einer Wassertiefe von 250 Metern ist es stockfinster. Pflanzen, die sonst überall auf der Welt die Grundlage der Nahrungskette bilden, können hier nicht existieren. Pflanzen brauchen Licht zum Leben. Die

Tiefseetiere ernähren sich von den Überresten anderer Tiere, die in die Tiefe absinken – und sie fressen einander.

Ist der Meeresspiegel wirklich spiegelglatt?

Er ist es nicht. Abgesehen von den Wellen gibt es auf der Meeresoberfläche richtige Hügel und Mulden. Die „Wassertäler" sind bis zu 100 Meter tief, aber hunderte Kilometer breit. Ein Schiff würde sie überhaupt nicht bemerken. Wassertäler und Wasserberge entstehen dadurch, dass das Erdinnere an verschiedenen Stellen mehr oder weniger dicht ist. Dadurch ist die Anziehungskraft auf das Wasser nicht überall gleich groß. Über sehr dichten Regionen im Erdinneren werden die Wassermassen stärker angezogen. Es entstehen weite, flache Hügel und Täler.

Sind alle Wüsten mit Sand bedeckt?

Die meisten Wüsten auf der Erde bestehen aus Schotter, Geröll und Felsen. Nur in einem Siebtel der Wüstengebiete auf der Erde liegt Sand. Die Araber haben für die verschiedenen Typen von Wüsten auch verschiedene Wörter. Eine Sandwüste heißt „Erg", eine Steinwüste „Reg" und eine Wüste aus nacktem Fels „Hammada". Es gibt nur einen einzigen Kontinent ohne Wüsten. Das ist Europa. Auch die Antarktis ist ein Wüstengebiet – eine einzige Eiswüste.

Ist es in der Wüste still?

Obwohl sich in heißen Sandwüsten kaum Leben regt, geht es die meiste Zeit recht laut zu. Schuld ist der Wind, der Sand aufwirbelt, mit sich fortträgt und massenhaft an den Hängen der Sanddünen ablädt. Die Sandkörner gleiten mit einem brausenden Geräusch an den Steilhängen der Dünen herab. Auch Felswüsten sind keine stillen Plätze. Die Stille wird immer wieder von lauten, explosionsartigen Geräuschen zerrissen. Sie stammen von berstenden Felsbrocken. Tagsüber heizt nämlich die Sonne die Felsen auf; nachts wird es in der Wüste erstaunlich kalt. Die Steine kühlen ab und zerbersten dabei. (Etwas Ähnliches passiert, wenn man in ein heißes Glas kaltes Wasser gießt. Bei Kälte zieht sich das Glas zusammen. Es kommt zu inneren Spannungen, und das Glas kann mit einem Knall zerbrechen.)

Wie verändern Wind und Wetter die Erde?

Auf der Erdoberfläche sind Regen und Wind unablässig am Werk. Sie tragen Erde mit sich fort, häufen sie anderswo an und nagen sogar an Felsen. Selbst stehende Luft enthält Gase, die bestimmte Stoffe umwandeln und verwittern lassen. Diesen langsamen, aber unerbittlichen Vorgang nennt man Erosion. Nur wo es keinen Wind und kein Wetter gibt, verändert sich nichts – zum Beispiel auf dem Mond. Die Fußstapfen der Astronauten im Mondstaub wird man noch in tausenden von Jahren sehen können.

Gibt es auf der Erde mehr Süßwasser oder mehr Salzwasser?

Es gibt 50-mal mehr Salzwasser als Süßwasser. Trinkbares Wasser ist daher ein knappes Gut. Die größten Trinkwasservorräte der Erde liegen in der Antarktis. Dieser Kontinent im Südpolgebiet ist kilometerdick mit Eis bedeckt. Seine Eismassen halten zwei Drittel aller Süßwasserreserven der Erde fest. Das übrige Drittel ist in den Flüssen und Seen, in den Wolken und als Wasserdampf in der Luft enthalten. Der größte Süßwassersee der Welt ist der Baikalsee. Dieser sibirische Gebirgssee ist 1,6 Kilometer tief, 644 Kilometer lang und bis zu 80 Kilometer breit.

Was würde passieren, wenn das Eis auf den Polen schmilzt?

Wenn alles Eis auf der Erde schmelzen und ins Meer fließen würde, dann stiege der Meeresspiegel um 75 Meter an. Das hätte für das Leben auf der Erde schlimme Folgen. Beispielsweise würde ganz Norddeutschland im Meer versinken. Um die Eiskappen auf den Polen völlig wegzuschmelzen, müsste sich das Klima auf der Erde ganz und gar verändern. Es ist nicht wahrscheinlich, dass sich die Erde in einen solchen Hitzeplaneten verwandelt. Aber auch leichte Klimaschwankungen können gefährlich sein. Wenn die Durchschnittstemperaturen auf der Erde nur ein wenig steigen sollten, würde sich ein Teil der polaren Eismassen in Wasser verwandeln. Schon ein Anstieg des Meeresspiegels um einen halben Meter würde viele Hafenstädte und Küstengebiete unbewohnbar machen.

Kann sich das Klima auf der Erde wieder ändern?

Das wird es ziemlich sicher tun. Die Frage ist nur, wann. Während der gesamten Geschichte der Erde hat es immer wieder Klimaschwankungen gegeben. Zur Zeit der Dinosaurier war es dort, wo heute Deutschland liegt, tropisch heiß wie heute in der Südsee. In den verschiedenen Eiszeiten, in denen die Erde stark abkühlte, waren Norddeutschland und der ganze Alpenbereich von dicken Gletschern bedeckt. Die letzte Eiszeit ging erst vor 10 000 Jahren zu Ende. Warum das Erdklima immer wieder schwankt, weiß niemand. Manche Forscher vermuten, dass die Erde zu bestimmten Zeiten näher an die Sonne heranrückt. Klimaveränderungen passieren allerdings nicht von einem Tag auf den anderen, sondern ziehen sich über Hunderte oder Tausende von Jahren hin.

Wie viel Trinkwasser verbrauchen wir täglich?

Trinkwasser ist kostbar. Es gibt auf der Erde nur begrenzte Mengen davon. Dennoch gehen die Menschen in den reichen Ländern sehr verschwenderisch mit Wasser um. In Deutschland verbraucht jeder täglich durchschnittlich 146 Liter Trinkwasser. Doch nur vier Liter davon werden getrunken oder zum Kochen verwendet. Die übrigen 142 Liter Trinkwasser verbrauchen Bad, Toilettenspülung und Waschmaschine.

Wie hoch werden die kleinsten Bäume?

In der Tundra wird der Wald nur zehn Zentimeter hoch. Dort, im hohen Norden von Sibirien, kriechen die Äste der Bäume am Boden dahin. Sie werden fünf Meter lang, aber nur eine Handbreit hoch.

Waren die Meere immer dort, wo sie heute sind?

Die Erdoberfläche verändert sich ständig. Sie hebt und senkt sich an verschiedenen Stellen. Dadurch entstehen Meere und trocknen wieder aus. Das geschieht so langsam, dass man es nicht bemerkt. Vor sechs Millionen Jahren konnte man das Mittelmeer zu Fuß überqueren. Damals war dieses Gebiet eine gigantische, trockene Senke.

Später füllte sie sich mit Wasser aus dem Atlantik. So bildete sich das Mittelmeer. Noch viel früher, zur Zeit der Dinosaurier, war Mitteleuropa von einem flachen Meer überflutet, aus dem Inseln ragten. Daher konnte man vor 20 000 Jahren trockenen Fußes von England nach Frankreich gehen. Damals lag der Meeresspiegel tiefer, und der heutige Ärmelkanal war trocken.

Warum ist es im Inneren der Erde so heiß?

Die feste Erdoberfläche ist eine dünne, starre Kruste, die wie eine Eierschale über dem flüssigen Erdinneren liegt. Dort ist es so heiß, dass Gestein schmilzt. Nur bei Vulkanausbrüchen wird deutlich, welch gewaltige Kräfte unter der Erdoberfläche am Werk sind. Das Erdinnere kühlt auch im Lauf von Jahrmillionen nicht aus. Im Erdkern laufen radioaktive Prozesse ab. Wie in einem gigantischen Atomkraftwerk heizt sich die Erde von innen her ständig auf.

Wie schnell dreht sich die Erde um die eigene Achse?

Die Erde dreht sich beständig um die eigene Achse. Ein Mensch, der am Äquator steht, saust mit immerhin 1 600 Kilometern pro Stunde dahin. Weil sich ja alles auf der Erde mitdreht, merken wir das nicht direkt. Einen Anhaltspunkt liefert nur die Sonne, die über den Himmel zu wandern scheint.

In Wirklichkeit dreht sich die Erde unter der Sonne weg. Früher glaubten die Menschen, dass die Sonne um die Erde kreist.

Woraus besteht Kreide?

Kreide ist ein weiches Gestein, das aus den Gerippen und Kalkschalen vorzeitlicher Meerestiere besteht. Die Überreste sanken auf den Grund damaliger Meere und bildeten dicke Schichten, die im Laufe der Erdgeschichte versteinerten.

Wie viele Babys kommen auf der Erde pro Tag zur Welt?

Tag für Tag wächst die Erdbevölkerung um 216 000 Menschen. Das entspricht der Bevölkerung einer Großstadt wie Lübeck. Pro Minute kommen also 150 Babys zur Welt. Im Jahr 2003 lebten auf der Erde etwa 6,3 Milliarden Menschen, und pro Jahr kommen so viele Menschen dazu, wie Deutschland Einwohner hat.

Sind Schädlinge immer schädlich?

Auch Schädlinge haben ihren Platz in der natürlichen Umwelt. Wenn man sie auszurotten versucht, kann das ganze ökologische Gleichgewicht aus den Fugen geraten. Als in Borneo das Insektenvernichtungsmittel DDT gegen Moskitos eingesetzt wurde, vermehrten sich beispielsweise die Ratten. Das Gift hatte eine ganze Kettenreaktion in Gang gesetzt. Die vergifteten Moskitos wurden von Kakerlaken gefressen, in denen sich nun das Gift anreicherte. Die Kakerlaken bildeten die Hauptnahrung für Geckos. Nun wurden die Geckos krank und waren damit eine leichte Beute für die Katzen. Die vergifteten Katzen konnten nicht mehr auf Rattenjagd gehen, und die Ratten hatten keine Feinde mehr. Auf diesem Weg führte die Moskito-Bekämpfung schließlich zu einer bedrohlichen Rattenplage.

Was ist Ozon?

Das blaue Gas Ozon ist eine Abart des Sauerstoffgases (mit drei Sauerstoffatomen im Molekül). In den oberen Schichten der Atmosphäre bildet es einen Schutzfilter: Die Ozonschicht weist einen großen Teil jener Strahlung ab, die als so genannte harte Strahlung das Leben auf der Erde bedroht. Dieser Filter ist aber durch Industrieabgase gefährdet. Über Australien gibt es bereits ein regelrechtes Ozonloch. Die Folge ist, dass es dort viel mehr Hautkrebs-Erkrankungen gibt als anderswo. Die Kinder lernen in der Schule, sich durch Kleidung gegen die „böse Sonne“ zu schützen. So wichtig Ozon in den oberen Schichten der Lufthülle ist, so schädlich ist Ozon, wenn es sich in der Atemluft nahe der Erdoberfläche sammelt. Hier verursacht dieses Gas Atemnot und Krankheiten. Und wieder sind es Abgase, vor allem Autoabgase, die für diese Bedrohung verantwortlich sind. Deshalb gibt es an heißen Sommertagen bei Ozonalarm Geschwindigkeitsbeschränkungen und oft sogar Fahrverbote für Autos.

Wie gefährlich sind Autos?

Wenn man von Kriegswaffen absieht, sind Autos die gefährlichste und tödlichste Erfindung der Menschheitsgeschichte.

Seit es Autos gibt, kamen bei Verkehrsunfällen 16 Millionen Menschen ums Leben. Das ist fast die doppelte Bevölkerung Österreichs.

Warum sollte man Ballons besser nicht frei fliegen lassen?

Jeder Luftballon kehrt irgendwann einmal zur Erde zurück. Entweder er zerplatzt in großer Höhe, oder er verliert Luft und sinkt zurück. Wenn die Überreste ins Meer fallen, können sie eine tödliche Falle für Meerestiere bilden. Meeresvögel oder Meeresschildkröten schnappen gerne nach den bunten, im Wasser treibenden Fetzen und können daran qualvoll ersticken. Auch Landtiere können sich an Gummifetzen tödlich verschlucken. Plastiktüten, die der Wind über Land und ins Meer weht, bilden eine noch viel größere Gefahr – einfach, weil es auf der Welt viel mehr Plastiktüten als Luftballons gibt.

Was geschieht in einer Müllverbrennungsanlage?

In den reichen Ländern der westlichen Welt „produziert" jeder Mensch durchschnittlich 350 Kilogramm Hausmüll pro Jahr. Diese Menge an Abfall schafft riesige Probleme. Man kann den Müll auf verschiedene Weise beseitigen. Wenn man ihn nicht auf Deponien vergräbt, verwertet man bestimmte Teile des Haushaltsmülls oder verbrennt den Abfall in großen Müllverbrennungsanlagen. Die Hitze, die dabei entsteht, kann sinnvoll verwertet werden – entweder in Kraftwerken, die Strom erzeugen, oder man speist damit Fernheizungen. Dabei wird das bei der Müllverbrennung erhitzte Wasser in Rohren in die Häuser und durch Heizkörper gepumpt.

Was ist an der Müllverbrennung so problematisch?

Müllverbrennung ist keine harmlose Angelegenheit. Beim Verbrennen des Abfalls gelangen durch den Kamin Abgase in die Luft. Umweltgifte werden in Filtern und Rauchwaschanlagen so weit wie möglich herausgefiltert. Dennoch kommen immer noch Reste von gefährlichen Schadstoffen in die Luft. Umweltschützer meinen deshalb, dass Verbrennungsanlagen das Müllproblem nicht lösen können. Besser wäre es, Müll von vornherein zu vermeiden.

Was ist Recycling?

Das englische Wort Recycling (sprich Rieseikling) bedeutet wörtlich: in den Kreislauf zurückführen, also wiederverwerten. Müll wird nach den verschiedenen Grundstoffen getrennt und dann zu neuen Rohstoffen verarbeitet. Alte Glasflaschen schmilzt man wieder ein und erzeugt daraus neues Glas. Aus Altpapier wird der Grundstoff für neues Papier. So muss man keine Bäume fällen, um Holz für Papier zu haben. Organische

Stoffe wie Essensreste und Pflanzenabfälle werden kompostiert. Dabei verwandeln unsichtbar winzige Tierchen, so genannte Mikroorganismen, das Material in Erde. Recycling funktioniert am besten, wenn der Müll bereits im Haushalt vorsortiert wird in Glas, Papier, organischen Müll und in wiederverwertbare Stoffe aus Metall und Kunststoff. Der unbrauchbare Rest wird verbrannt oder deponiert, das heißt, er wird vergraben.

Gab es Umweltverschmutzung auch schon früher?

Umweltverschmutzung und ihre schlimmen Folgen lernten auch schon unsere Vorfahren kennen. So war die Industriestadt Fürth in Bayern im letzten Jahrhundert das Zentrum der euopäischen Spiegelherstellung. Weil es billiger war, verwendete man als Spiegelbelag das flüssige Quecksilber, das wir vom Fieberthermometer kennen. Die Rückstände dieses sehr giftigen Materials verursachen heute noch Krankheiten und hohe Kosten beim Umbau alter Häuser.

Tiere und Pflanzen

Was ist der Unterschied zwischen Tierschutz und Artenschutz?

Der Artenschutz ist ein Teil des Umweltschutzes. Hier geht es darum, die natürlichen Kreisläufe möglichst unversehrt zu lassen. Die verschiedenen Tierarten sollen geschützt werden, damit sie ihre Aufgaben in der Umwelt weiter erfüllen können. Artenschützer schlagen Alarm, wenn bestimmte Tierarten vom Aussterben bedroht sind. Das Ziel der Tierschützer ist ein anderes. Ihnen geht es darum, einzelne Tiere (und nicht bloß gefährdete Arten) vor unnötigen Leiden zu schützen. Tierschützer sind davon überzeugt, dass jedes Tier das Recht hat, ein artgemäßes Leben zu führen – also auch solche Tiere, die nicht vom Aussterben bedroht sind. Tierschützer kümmern sich deshalb nicht nur um gefährdete Arten wie Wale oder Elefanten, sondern auch um Schweine oder Hühner, die in Mastanstalten, bei Transporten und im Schlachthaus gequält werden.

Warum haben Frösche keinen Bauchnabel?

Der Bauch mancher Tiere ist vollkommen glatt. Frösche, Fische und Vögel haben keinen Nabel. Andere Tiere wie Hunde oder Schweine, aber auch die Menschen haben einen Nabel. Der Grund ist folgender: Säugetiere wie Hunde, Schweine und auch Menschen wachsen im Bauch der Mutter und sind durch die Nabelschnur an den Körper der Mutter angeschlossen. Nach der Geburt ist die Nabelschnur überflüssig. Das Muttertier beißt sie ab, und am Bauch des Tieres bleibt nur eine kleine Narbe zurück. Andere Tiere, die aus Eiern schlüpfen, brauchen keine Nabelschnur. Sie wachsen im Ei außerhalb des Bauchs der Mutter heran. Deshalb bleibt später auch kein Nabel zurück. Zu diesen Tieren ohne Nabel gehören die Reptilien wie die Schlangen, die Amphibien wie die Frösche, die Fische und alle Tiere ohne Knochengerüst, zum Beispiel die Spinnen und Insekten.

Was frisst der Elch im kalten Winter?

Elche sind riesige Hirsche, die so groß wie Pferde werden können. Sie leben in den Sumpfwäldern unzugänglicher Gebiete von Nordeuropa, Asien und Nordamerika. Im Sommerhalbjahr gibt es dort genug zu fressen. Die Sonne verschwindet nachts nur für wenige Stunden, und die Pflanzen gedeihen im langen Tageslicht in Hülle und Fülle. Die Elche fressen sich tüchtig Gewicht an und speichern das Fett in gewaltigen Polstern unter der Haut. Davon zehren sie im kalten, dunklen Winterhalbjahr, wenn ihre Heimat von einer dicken Schneedecke bedeckt und Futter knapp ist. So können die Elche überleben, ohne einen Winterschlaf zu halten.

Wovon ernähren sich die riesigen Wale?

Fast alle großen Wale, zum Beispiel der Blauwal oder der Finnwal, ernähren sich von winzigen Lebewesen, die im Wasser treiben. Diese kleinen Tiere und Pflanzen, hauptsächlich Krebse und Algen, nennt man Plankton. (Das griechische Wort bedeutet „herumirrend".) Plankton treibt mit den Meeresströmungen mit. Die großen Wale saugen das Meerwasser ins Maul und spucken es wieder aus. Das Plankton bleibt in einer Art Kamm, den so genannten Barten, hängen und wird anschließend verschluckt. Der Schlund der riesigen Bartenwale ist so eng, dass sie größere Tiere gar nicht fressen könnten. Der einzige Großwal, der größere Tiere frisst, ist der Pottwal. Er ist aber kein Bartenwal, sondern gehört zu den Zahnwalen und macht Jagd auf Fische und Kraken.

Warum springen Wale aus dem Wasser?

Selbst so mächtige Wale wie der Buckelwal springen häufig aus dem Wasser und fallen dann mit einem gewaltigen Platsch wieder zurück. Für dieses Verhalten könnte es verschiedene Gründe geben. Manche Forscher meinen, dass sich der Wal mit dem Knall beim Zurückfallen mit seinen Artgenossen verständigen will: „Hört mal alle her, hier bin ich!" Vielleicht will er sich durch den Sprung aus dem Wasser auch einen besseren Überblick verschaffen. Oder er will die lästigen Parasiten abschütteln, die auf seinem Körper siedeln. Wale können sich ja nicht kratzen.

Welches ist das größte Wildtier in Deutschland?

Der Rothirsch. Er kann 2,5 Meter lang und bis zu 250 Kilogramm schwer werden. Der größte Allesfresser unserer Wälder ist das Wildschwein. Es wird zwei Meter lang und 300 Kilogramm schwer. Wildschweine fressen unter anderem Eicheln und Nüsse, Gras und Pilze, Aas und Insekten, Würmer und sogar Mäuse.

Gibt es Säugetiere, die niemals schlafen?

Die Delfine schlafen niemals wirklich und bleiben ihr Leben lang in Bewegung. Diese Tiere können abwechselnd die eine und dann wieder die andere Hälfte des Gehirns abschalten. Der schlafende Teil des Gehirns ruht sich aus, während der andere weiterarbeitet.

Sind Gorillas größer als Menschen?

Sie sind gleich groß. Menschen und Gorillas messen durchschnittlich 175 Zentimeter. Gorillas sind allerdings doppelt so schwer und um ein Vielfaches stärker. Ein ausgewachsener Gorilla kann einen Kleinwagen mühelos aufheben.

Wie erkennt man, ob ein Wildtier Tollwut hat?

Die Tollwut ist eine gefährliche Infektionskrankheit. Wenn ein Mensch von einem tollwütigen Tier gebissen und nicht rechtzeitig behandelt wird, muss er in den meisten Fällen sterben. Ein tollwütiges Wildtier, zum Beispiel ein Reh oder einen Fuchs, erkennt man anfangs daran, dass das Tier seine natürliche Scheu verloren hat. Es wird nett und zutraulich und nähert sich ohne Angst dem Menschen. Da ist Vorsicht geboten! Wenn die Krankheit weiter fortgeschritten ist, zeigen die Tiere die typischen Anzeichen von Tollwut: Speichel fließt ihnen aus dem Maul, und sie beißen wild und hemmungslos zu. Die anfängliche Zutraulichkeit tollwutkranker Tiere ist ein raffinierter Trick des Tollwuterregers. Er verändert das Gehirn der Tiere. Sie verlieren ihre natürlichen Instinkte und nähern sich – scheinbar harmlos – anderen Lebewesen.

Können auch Haustiere die Tollwut bekommen?

Es gibt nur ganz wenige Säugetiere, die gegen die Tollwutkrankheit immun sind. Dazu zählen so exotische Tiere wie die Vampirfledermäuse und die Mungos. Unsere Haustiere sind jedoch genauso gefährdet wie Menschen. Auch Rinder und Schweine, Hunde und Katzen können die Tollwut bekommen. Deshalb ist es wichtig, Hunde und Katzen zu impfen. Sie können mit Wildtieren in Berührung kommen und die Krankheit sogar auf den Menschen übertragen.

Sind die Schalen von Hühnereiern wasserdicht?

Nein. Sie haben winzige Poren, durch die Luft und Wasserdampf in das Ei eintreten können. Nur so kann sich der Embryo im Hühnerei entwickeln.

Was machen die Walrösser mit ihren mächtigen Hauern?

Die mächtigen, über eine Tonne schweren Meeressäugetiere ernähren sich von Muscheln und Schnecken. Mit ihren großen Hauern graben sie Muscheln am Meeresgrund aus. In der Paarungszeit setzen die Bullen ihre Hauer auch als Waffe ein, mit der sie Konkurrenten vertreiben.

Mit welchen Organen orientiert sich die Blindschleiche?

Die Blindschleiche ist eine beinlose Eidechse, die – wie ihre Verwandten auch – recht gut sieht. Auf der Jagd nach Insekten und Kleintieren orientiert sie sich mit den Augen, aber auch mit dem scharfen Geruchssinn.

Welche leuchtenden Tiere leben im Meer?

Im Meer gibt es viele Arten von Leuchttieren. Manchmal schimmern ganze Meeresgebiete in der Nacht. Das geheimnisvolle Leuchten kommt von Schwärmen aus unzähligen Tieren wie Leuchtkrebsen und Leuchtsardinen. Manche dieser Lebewesen erzeugen ihr Licht selbst. Auf anderen siedeln winzige Leuchtbakterien und leihen ihren Wirten das Licht. Die interessantesten Leuchttiere leben in den Tiefen der Meere. Tiefseefische haben Leuchtorgane, die als Köder dienen. Mit ihrem grünlichen bis bläulichen Licht locken sie Beutetiere an.

Warum können Vögel nicht wie Hubschrauber in der Luft stehen?

Fast alle Vogelarten sind so gebaut, dass der nötige Auftrieb nur beim Vorwärtsflug entsteht. Sie schlagen mit den Flügeln, um voranzukommen. Gleichzeitig streicht Fahrtwind an den Schwingen vorbei und hebt die Tiere hoch. Die wichtigste Ausnahme bilden die Kolibris. Diese winzigen Vögel beherrschen den Schwirrflug. Sie schlagen mit den Flügeln rasend schnell wie Fluginsekten auf und ab und können daher in der Luft stehen. Unter den einheimischen Vögeln beherrscht diese Kräfte raubende Flugart z. B. auch der Turmfalke. Für kurze Zeit kann er flatternd in der Luft verharren und nach Beutetieren Ausschau halten. Diese Flugart nennt man Rüttelflug.

Welches ist das stärkste Raubtier der Erde?

Der Schwertwal, auch Orca oder Mörderwal genannt. Der zehn Meter lange Meeressäuger ist mit den Delfinen verwandt. Er frisst Pinguine, Robben und Kleinwale, darunter auch Delfine. Menschen gegenüber verhält sich der Schwertwal allerdings freundlich.

Wie atmet eine Fliege?

Fliegen und andere Insekten bekommen den lebensnotwendigen Sauerstoff direkt durch feine Luftröhrchen, die von außen in das Körperinnere führen. Allerdings haben diese kleinen Tiere keine „Luftpumpe". Die Luft füllt die Röhrchen einfach aus. Das ist auch ein Grund dafür, weshalb Insekten nicht groß und dick werden können. Durch allzu lange Röhrchen würde nicht genug frische Luft in den Körper gelangen, und das Insekt würde ersticken. Größere Tiere haben mit den Lungen einen Pumpapparat, der sie ständig mit Frischluft oder, bei Wassertieren, mit Frischwasser versorgt.

Was fressen Eichhörnchen am liebsten?

Eichhörnchen fressen am liebsten die Samen aus den Tannenzapfen. Pro Tag kann ein Eichhörnchen mehr als 100 Tannenzapfen ausrauben; es frisst die kleinen Samen, die unter den Schuppen des Zapfens verborgen sind. Eichhörnchen mögen auch Nüsse sehr gern, rauben aber auch Vogelnester aus und fressen die Eier. In Europa gibt es zwei Arten von Eichhörnchen: das Rote Eichhörnchen und das Grauhörnchen, das aus Amerika stammt.

Welchem Vogel verdanken wir die Eichen- und Buchenwälder?

Dem Eichelhäher. Der Vogel frisst nicht nur die Samen dieser Bäume, nämlich Eicheln und Bucheckern. Er vergräbt auch Massen davon in der Erde. Damit pflanzt er ganze Wälder an.

Warum haben die afrikanischen Elefanten größere Ohren als die indischen?

Die afrikanischen Elefanten leben meist in Steppengebieten mit wenigen Bäumen. Sie sind der prallen Sonne ausgesetzt. Die riesigen Ohren dienen als Kühler, sie strahlen Körperwärme ab. Die indischen Elefanten brauchen keine so großen Ohren, denn ihre Urheimat sind schattige Wälder.

Wie entdeckt eine jagende Eule in der Nacht ihre Beute?

In finsterer Nacht helfen den Eulen auch ihre großen Augen nichts. Sie verlassen sich auf ihre ungeheuer scharfen Ohren und orientieren sich hauptsächlich nach Geräuschen. Das leise Rascheln einer Maus genügt der auf einem Ast sitzenden Eule, um ihr Opfer zu orten und zu fangen. Bei Experimenten wurden einer Eule sogar die Augen verbunden. Dennoch erwischte sie die Maus. Die Eule selbst kann reglos wie ein Stück Holz verharren. Ihr sieht man nicht einmal an, ob sie atmet. Beim Ausatmen plustern sich die Brustfedern auf, beim Einatmen sinken sie zusammen. Der Brustkorb hebt und senkt sich zwar, doch die Gestalt erscheint reglos.

Wie fangen Fleisch fressende Pflanzen ihre Beute?

Fleisch fressende Pflanzen siedeln auf nährstoffarmen Böden wie Mooren und Sümpfen. Sie brauchen Stickstoff als Zusatznahrung und sind daher darauf angewiesen, kleine Tiere wie Insekten, Spinnen oder Würmer zu fangen. Dazu haben sie eine ganze Reihe von Fallen entwickelt. Heimische Tier fangende Pflanzen wie der Sonnentau sondern einen Schleim ab. Die klebrige Substanz hält die Beutetiere fest und löst sie auf; Drüsen saugen die Nährbrühe in die Pflanze. Andere Tierfänger unter den Pflanzen locken ihre Beute mit Gerüchen oder Farben in kesselartige Hohlräume, aus denen die Opfer nicht mehr entkommen können. Besonders raffiniert arbeiten manche Wasserpflanzen. Sie haben Schluckfallen. Tritt ein Tierchen, zum Beispiel ein kleiner Krebs, auf ein Fühlerhaar der Pflanze, öffnet sich ein Deckel, und das Opfer wird ins Innere der Pflanze gespült. Auf diese Weise fängt eine Pflanze namens Wasserschlauch ihre Opfer.

Gibt es heute noch fliegende Reptilien?

Nur eine Art von Reptilien hat Flughäute, mit denen die Tiere von Baum zu Baum segeln können: der Flugdrache. Er kann sich aber nicht aus eigener Kraft mit Flügelschlägen in die Luft erheben, wie dies die Vögel und die Fledermäuse tun. Im Erdmittelalter war das jedoch anders. Zur Zeit der Dinosaurier flogen zahlreiche Arten von Reptilien. Die Flugsaurier waren Reptilien wie die Dinosaurier und wie die heutigen Krokodile, Schildkröten oder Eidechsen.

Wieso nennt man Reptilien auch Kriechtiere?

Manche Arten von Kriechtieren können auch laufen, schwimmen und klettern. Doch die typischen Reptilien bewegen sich an Land kriechend voran – daher auch der deutsche Name Kriechtier für die Reptilien. Als man vor 250 Jahren die Tierwelt systematisch einteilte, war noch unbekannt, dass einige der ausgestorbenen „Kriechtiere“ wie Vögel fliegen konnten. Sonst hätte man vielleicht einen anderen Namen für diese Tiere erfunden.

Gibt es Kängurus, die auf Bäumen leben?

Die Baumkängurus leben in den Wäldern von Australien und Neuguinea. Ihre Arme und Hände sind kräftiger als die ihrer auf dem Boden lebenden Verwandten.

Warum soll man Kätzchen nicht mit Kuhmilch füttern?

Junge Katzen, aber auch die meisten erwachsenen Katzen schlecken gerne Kuhmilch, bekommen davon aber sehr leicht Durchfall. Sie können nämlich bestimmte Inhaltsstoffe der Kuhmilch nicht verdauen. Das ist kein Wunder – schließlich ist Kuhmilch das ideale Nahrungsmittel für Kälber und nicht für Kätzchen. Auch viele Menschen vertragen keine Kuhmilch. Katzenbabys sollten deswegen Katzenmilch trinken, erwachsene Katzen Wasser. Für kleine Kätzchen, die ohne Muttermilch großgezogen werden, gibt es eine spezielle Nährflüssigkeit.

Wieso überstehen Katzen einen Sturz aus großer Höhe?

Eine Katze, die aus größerer Höhe aus dem Fenster fällt, tut sich meistens nicht weh. Sie hat im Fall genug Zeit, sich geschickt in der Luft zu drehen, und landet sicher auf allen vieren. Oft haben Katzen schon Stürze aus

Hochhäusern unbeschadet überstanden. Viel gefährlicher für eine Katze ist ein Sturz aus einer Höhe von zwei oder drei Metern. Denn in diesem Fall besteht die Gefahr, dass sie sich nicht mehr umdrehen kann und unter Umständen auf den Rücken fällt.

Welche Wildtiere sind mit den Hunden am engsten verwandt?

Unsere Haushunde gehören zu der Gruppe der hundeartigen Raubtiere. Sie stammen vermutlich von den Wölfen ab. Zu den Verwandten der Hunde gehören Wölfe, Schakale, Füchse und Hyänen. Seit mindestens 10 000 Jahren leben Haushunde in Gemeinschaft mit Menschen als Wachhunde, Hirtenhunde und Jagdhunde. Hunde und Wölfe sind so eng miteinander verwandt, dass sie gemeinsame Nachkommen haben können.

Können Hummeln stechen?

Die dicken, etwa zwei Zentimeter langen Hummeln gelten als recht harmlos. Doch auch sie haben einen Stachel. Zum Glück stechen sie damit viel seltener zu als ihre Verwandten, die Honigbienen.

Können verschiedene Tierarten gemeinsame Nachkommen haben?

Tiere verschiedener Arten können gemeinsame Nachkommen haben, wenn diese Arten eng miteinander verwandt sind. Beispielsweise kann man Tiger und Löwen miteinander kreuzen; das Junge ist dann ein „Mittelding“. Die Paarung gelingt aber nur im Tiergarten, denn in der Natur begegnen sich diese Raubkatzen kaum jemals. Tiger leben in Asien, Löwen fast nur in Afrika. Auch Esel und Pferde sind einander so ähnlich, dass sie miteinander Junge haben können. Weitere Nachkommen können diese „Mischtiere“ freilich untereinander nicht haben.

Haben Tiere eine andere Körpertemperatur als Menschen?

Alle Säugetiere können ihre Körpertemperatur auf einer bestimmten Höhe halten. Wie hoch die Normaltemperatur ist, ist jedoch von Art zu Art verschieden. Der Ameisenbär zum Beispiel hat eine erstaunlich niedrige Körpertemperatur. Sie beträgt nur 22 Grad Celsius. Ein Mensch würde bei einer derartigen Körpertemperatur an Unterkühlung sterben. Der Wolf dagegen bringt es auf 41 Grad Celsius. Das ist die höchste Körpertemperatur aller Säugetiere. Für einen Menschen mit einer Normaltemperatur von 37 Grad würden „wölfische" 41 Grad hohes Fieber bedeuten. Auch Ziegen sind mit 39 Grad viel wärmer als Menschen.

Warum schauen weidende Kühe oft in dieselbe Richtung?

Auch Kühe haben was gegen windiges Wetter. Wenn der Wind weht, wenden sie ihm gern ihr Hinterteil entgegen. Und weil der Wind für sämtliche Kühe aus derselben Richtung kommt, schauen sie allesamt in die Gegenrichtung. Bei Windstille liegt der Fall anders. Da schaut jede Kuh in die Richtung, die ihr am besten behagt.

Wie schnell kann ein Maulwurf graben?

Ein Maulwurf braucht für einen Meter Tunnelbau sechs Minuten. Das entspricht einer Grabgeschwindigkeit von einem Hundertstel Stundenkilometer oder 10 Metern in der Stunde. An einem Arbeitstag könnte der Maulwurf also einen Fußballplatz vom einen Ende zum anderen untergraben. Schnecken an der Oberfläche sind ein ganzes Stück langsamer und brauchen für einen Meter Kriechstrecke etwa acht Minuten.

Mit welchen Waffen wehren sich Hirsche?

Die mächtigen Geweihe der Hirsche dienen nicht als Waffen gegen Raubtiere, sondern spielen nur bei Paarungskämpfen untereinander eine Rolle. Sie werden jedes Jahr abgeworfen und wachsen dann neu – und größer – nach. Gegen Wölfe und andere Räuber verteidigen sich die Männchen mit Fußtritten. Bei den Hirschen tragen nur die Männchen ein Geweih, bei den Rentieren allerdings auch die Weibchen.

Warum reißt das Nilpferd sein Maul so weit auf?

Nilpferde können ihr mächtiges Maul sehr weit aufklappen. Dabei zeigen sie ihre langen Eckzähne. Mit diesen dolchartigen Hauern kämpfen die Nilpferdbullen um die Rangordnung in der Gruppe oder um die besten Weideplätze am Flussufer. Dabei gibt es manchmal sogar Tote. Flusspferde sind die einzigen Pflanzen fressenden Säuger, bei denen die Männchen bis zum bitteren Ende um ein Weibchen kämpfen. Um andere Tiere abzuwehren, haben Nilpferde noch eine andere Waffe: ihren betäubenden Mundgeruch. Wenn sie ihr Maul aufreißen, nehmen andere Tiere sofort Reißaus. Der Mundgeruch ist so stark, dass ein Mensch davon ohnmächtig werden kann.

Warum können Nilpferde so gut schwimmen?

Nilpferde und ihre Verwandten, die Zwergflusspferde, verbringen den größten Teil ihres Lebens im Wasser. Sie können beim Tauchen ihre Nasen verschließen. Zwischen den Zehen haben sie Schwimmhäute, mit deren Hilfe sie im Wasser schnell vorankommen. Nilpferde sind unbehaart. Ihre empfindliche Haut schützen sie mit einem öligen Sekret, das von Hautdrüsen ausgeschieden wird. Diese „Creme“ hat eine rötliche Farbe. Früher dachte man, Nilpferde würden Blut schwitzen, und stellte die Tiere in Zoos als „blutige Monster“ aus.

Wie kalt ist das Blut der kaltblütigen Tiere?

Das Blut der Kaltblüter ist stets so warm wie ihre Umgebung. Bei Hitze sind sie lebhaft, bei Kälte starr und träge. Man nennt sie deshalb auch wechselwarme Tiere. Zu ihnen zählen die Reptilien, die Amphibien (zum Beispiel die Frösche) und die Fische. Wechselwarme Tiere heizen sich in der heißen Sonne auf 50 und mehr Grad auf. Damit werden sie wärmer als die warmblütigen Tiere, die alle eine konstante Körpertemperatur haben.

Woher kommt die Bezeichnung „Säugetier"?

Eine Maus hat sieben Halswirbel – ebenso viele wie die Giraffe mit ihrem über zwei Meter langen Hals. Sieben Halswirbel sind eins von vielen Merkmalen, die alle Säugetiere gemeinsam haben. Die wichtigste Gemeinsamkeit der Mäuse und Giraffen, Wale und Menschen ist jedoch diese: Säugetiermütter füttern ihre Jungen mit Muttermilch. Die Jungen saugen – daher der Name.

Gibt es Schmetterlinge, die Blut saugen?

Bei fast allen Tiergruppen gibt es Arten, die sich darauf spezialisiert haben, anderen Tieren das Blut aus dem Körper zu saugen. Blutsaugende Säugetiere sind zum Beispiel die südamerikanischen Vampirfledermäuse. Unter den Insekten haben sich vor allem die Stechmücken auf Blut spezialisiert. Es gibt sogar blutsaugende Schmetterlinge. Ein asiatischer Nachtfalter hat einen haarfeinen Stachelrüssel, den er fast einen Zentimeter tief in den Körper seines Opfers senkt.

Wie frisst der Seestern seine Beute?

Seesterne sind räuberische Meeresbewohner aus der Klasse der Stachelhäuter. Ihr Körper besteht aus einer Scheibe und mindestens fünf Armen. Beim Fressen stülpt der Seestern seinen Magen aus, umschließt das Beutetier und verdaut es.

Seit wann gibt es Küchenschaben?

Küchenschaben oder Kakerlaken gibt es nicht erst seit der Erfindung der Küche, sondern seit 300 Millionen Jahren. Damit zählen sie zu den ältesten Tierarten der Erde. Diese erstaunlichen käferartigen Insekten sind sehr widerstandsfähige und genügsame Allesfresser: Eine Kakerlake kann von der Gummierung einer Briefmarke viele Monate lang leben. Sie sind gegen die meisten Insektengifte immun. Wo sie sich also einmal eingenistet haben, sind sie kaum noch zu vertreiben. Am liebsten hausen sie in Speisekammern und Küchen; daher rührt auch ihr Name. Die mitteleuropäischen Küchenschaben werden etwa einen Zentimeter lang; in Südeuropa und Amerika können sie so groß wie Mäuse werden.

Sind alle Haie gefährlich?

Nur wenige der zahlreichen Haiarten sind für den Menschen so gefährlich wie etwa der riesige Weiße Hai. Doch selbst der Weißhai oder der nicht weniger bedrohliche Blauhai greift Menschen nur in Ausnahmesituationen an – zum Beispiel, wenn er einen Schwimmer mit einer Robbe verwechselt. Die meisten Haiarten sind klein und menschenscheu. Viele von ihnen leben auf dem Meeresgrund, wo sie nach unvorsichtigen Fischen schnappen. Der harmloseste aller Haie ist zugleich der größte: Der Walhai wird über zehn Meter lang, schwimmt nur sehr langsam und frisst – wie große Wale – ausschließlich winzige Meerestiere.

Gibt es Säugetiere, die vollkommen nackt sind?

Die Meeressäugetiere aus der Verwandtschaft der Wale und Delfine haben das für Säugetiere typische Haarkleid verloren. Sie sind vollkommen nackt. Statt eines Pelzes haben sie unter der Haut eine Fettschicht, die sie gegen das kalte Wasser schützt.

Können Hunde Farben erkennen?

Nein. Hunde sind farbenblind, ebenso wie alle anderen räuberischen Säugetiere, zum Beispiel Wölfe oder Raubkatzen. Gorillas hingegen können Farben unterscheiden. Farbenblind sind auch Großtiere wie Elefanten, Nashörner und auch die Rinder. Was den Stier in der Arena reizt, ist nicht das Rot des Tuchs, sondern das Gefuchtel des Toreros.

Wie lange fliegt eine Stechmücke mit einer Ladung Blut?

Eigentlich ist eine Stechmücke ein sehr genügsames Tier. Mit einer „Tankladung" Blut kann sie etwa 300 Kilometer weit fliegen. Für diese Flugstrecke braucht sie 35 Stunden. Erst danach muss sie wieder ein Opfer finden.

Wie viele Nachkommen kann eine Stubenfliege erzeugen?

Im Laufe ihres Lebens könnte eine einzige Stubenfliege unter günstigen Bedingungen 5 000 Milliarden Nachkommen erzeugen. Fliegen von der Art der Kleinen Stubenfliege legen durchschnittlich fünfmal im Leben, und zwar jedes Mal, je 100 Eier. Schon eine Woche später sind die Jungen geschlechtsreif und fangen an, sich zu vermehren. In Wirklichkeit kann eine derartige Bevölkerungsexplosion natürlich nicht stattfinden. Dafür haben die Fliegen zu viele Feinde und zu wenig Futter.

Warum kommen Regenwürmer bei Regen nach oben?

Sobald es zu regnen beginnt, wühlen sich Regenwürmer nach oben. Sie spüren die winzigen Erschütterungen der Regentropfen, die auf die Erde aufplatschen. Das ist für sie das Signal, die tiefer liegenden Gänge zu verlassen und an die Oberfläche zu fliehen. Starker Regen könnte die tiefen Gänge überfluten, und die Würmer würden ertrinken. Bei Trockenheit ziehen sie sich wieder in tieferes Erdreich zurück.

Warum sieht man am Straßenrand oft so viele Vögel?

Dicht neben viel befahrenen Straßen sieht man häufig Amseln, die am Straßenrand Würmer aus der Erde picken. Hier kommen die Würmer häufiger an die Oberfläche als anderswo, denn vorbeifahrende Autos erschüttern den Untergrund. Ihr Instinkt befiehlt den Würmern, bei Erschütterungen an die Oberfläche zu kommen. Man könnte sagen, sie verwechseln die Autos mit aufprallenden Regentropfen. Und wo es viele Würmer gibt, dort halten sich Amseln und andere Vögel gerne auf. Auch für Raben, Krähen, Elstern und andere Aas fressende Vögel ist eine Straße oft ein reich gedeckter Tisch, da sehr häufig kleine Tiere überfahren werden.

Kann sich ein Chamäleon tarnen?

Chamäleons sind baumbewohnende tropische Echsen, die Insekten mit ihrer klebrigen Peitschenzunge fangen. Ihre Färbung kann sich verändern. Ein Chamäleon ändert seine Hautfarbe jedoch nicht, um sich vor eventuellen Feinden zu schützen. Der Farbwechsel erfolgt einfach, wenn sich das Tier wohl fühlt oder ärgert, wenn es Hunger hat oder wenn ihm kalt oder warm ist.

Warum fressen Krokodile Steine?

Krokodile liegen gerne dicht unter der Wasseroberfläche auf Lauer. Dann schauen nur ihre Nasenlöcher und Augen aus dem Wasser. Diese Lauerstellung können die Krokodile aber nur halten, wenn sie schwer genug sind. Deshalb fressen Krokodile Steine. Dieser Ballast im Magen zieht sie unter Wasser. Ohne Steine im Magen würde ihr Rücken auftauchen, und sie wären schon von weitem sichtbar. Die Magensteine haben auch noch einen anderen Zweck. Sie zerquetschen die Nahrung und helfen dem Krokodil bei der Verdauung. Krokodile sind nicht die einzigen steinefressenden Tiere. Auch Vögel, zum Beispiel die Hühner, schlucken Steinchen, die dem

Magen bei der Arbeit helfen. Selbst manche der riesigen Pflanzen fressenden Dinosaurier fraßen Steine. Sie hatten kräftige Kaumägen, und die Steine im Magen zerquetschten das Grünfutter zu Brei.

Warum zeigt bei Vögeln das Knie nach hinten?

Wenn große Vögel wie Störche über Land stolzieren, sieht es ganz so aus, als würde ihr Knie nach hinten zeigen. Doch der Eindruck täuscht. Der Aufbau eines Vogelbeines gleicht im Prinzip dem Bein eines Säugetieres. Was aber bei Vögeln wie das Knie aussieht, ist eigentlich das Fußgelenk. Vögel gehen also auf den Zehen; die Knie selbst sind unter den Federn verborgen.

Warum sind Hunde als Haustiere so beliebt?

Die ältesten Haustiere des Menschen stammen von wild lebenden hundeartigen Raubtieren ab. Diese Tiere leben in Rudeln und haben ausgeprägte soziale Instinkte. Sie können sich in die Gruppe einfügen und erkennen daher stärkere Tiere (oder Menschen) als Rudelführer an. Im Laufe der Geschichte züchteten die

Menschen mit Erfolg nicht nur Wölfe, aus denen die Haushunde wurden. Sie zähmten auch andere Arten von hundeartigen Raubtieren. Die alten Ägypter beispielsweise hielten zahme Haushyänen. Diese Haustiere gehörten zur Gattung der Hyänenhunde, die trotz ihres Namens echte Hyänen waren. In steinzeitlichen Pfahlbaudörfern in der Schweiz hielten die Menschen auch Hausfüchse. Später setzte sich aber auch dort die Hundehaltung durch. Offensichtlich waren die Abkömmlinge der Wölfe besser für das Zusammenleben mit dem Menschen geeignet als Hyänen und Füchse.

Seit wann gibt es Hauskatzen?

Unsere Hauskatze stammt von der Falbkatze, einer Wildkatzenart, ab. Die ältesten Bilder von Katzen, die sich in menschlichen Behausungen aufhalten, sind 4 500 Jahre alt. Vermutlich wurden die Katzen von den Menschen geduldet, weil sie Ratten und Mäuse fingen. Man ist sich aber nicht sicher, ob es sich schon um zahme Katzen handelte oder um Wildkatzen, die in Scheunen und Speichern auf Jagd gingen. Zahme Hauskatzen gab es im alten Ägypten. Dort galten sie als heilige Tiere der Göttin Bastet, die man als Beschützerin des Hauses und der Familien verehrte. Nach Europa kam die Hauskatze erst mit den Römern vor etwa 2000 Jahren.

Wedeln auch Katzen mit dem Schwanz?

Der Schwanz der Katze dient hauptsächlich dazu, die Balance zu halten: Katzen sind ganz hervorragende „Seiltänzer“. Eine Zuchtart freilich – die Rexkatze – wedelt wirklich wie ein Hund mit dem Schwanz, wenn sie sich freut. Man nennt sie deswegen (und wegen ihres gekräuselten Fells) auch „Pudelkatze“.

Leben auch Hauskatzen in Rudeln?

Unter den Raubkatzen gibt es Arten, die (wie die Löwen) gesellig leben, und solche, bei denen sich die Tiere als Einzelgänger durchs Leben schlagen. Dazu gehören beispielsweise die Tiger und die kleinen Wildkatzen, mit denen unsere Hauskatzen eng verwandt sind. Trotzdem sind Hauskatzen nicht immer Einzelgänger wie ihre wilden Ahnen. Auf Bauernhöfen, wo es viele Katzen gibt, leben Katzen in Rudeln. Zum Beispiel passen Katzenmütter auch auf die Jungen anderer Katzen auf, wenn diese unterwegs sind. Etwas Ähnliches kennt man neuerdings auch aus sehr großen Städten.

Woran erkennt man, ob kleine Fischarten scheu oder aggressiv sind?

An der Färbung: Auffällig bunte Fische, zum Beispiel viele kleine tropische Meeresfische, sind meistens aggressiv. Sie neigen eher dazu, mit ihren Farben Angreifer oder Rivalen zu erschrecken. Die Leuchtfarben sind also Warnfarben. Dagegen sind unauffällig gefärbte Arten in der Regel scheu. Diese Fische suchen sich bei Gefahr lieber Verstecke. Dabei helfen ihnen ihre Tarnfarben.

Was fressen Tausendfüßer?

Tausendfüßer sind normalerweise harmlose Pflanzenfresser. Sie meiden das Licht und ernähren sich von abgestorbenen Pflanzen. Tausendfüßer gibt es in zahlreichen Arten mit so sonderbaren Namen wie „Gerandeter Saftkugler“ oder „Pinselfüßer“. Die kleinsten Tausendfüßer werden einen Millimeter, die größten 30 Zentimeter lang. Zu den Tausendfüßern gehören aber auch die räuberischen Hundertfüßer. Sie haben Greifzangen und sind oft giftig. Ihr Biss kann auch für Menschen gefährlich sein.

Wer kriecht schneller: ein Tausendfüßer oder ein Hundertfüßer?

Ein Hundertfüßer ist flinker. Bei ihm bewegt sich abwechselnd das linke und das rechte Bein eines Beinpaares. Tausendfüßer dagegen gleiten langsam dahin. Die unzähligen Beinchen bewegen sich in Wellen, und ihre Fortbewegungsart erinnert an Raupen. Unter den zahlreichen Arten von Tausendfüßern gibt es keine einzige, die wirklich tausend Beine hat. Der Rekord liegt bei etwa 300 Beinpaaren. Auf die Welt kommt ein Tausendfüßer mit sechs Beinen. Im Laufe seines Lebens kommen immer neue Beinpaare hinzu.

Was geschieht, wenn man einen Tiefseefisch aus dem Wasser zieht?

Er stirbt sofort. Tiere, die in der Tiefsee leben, sind an den ungeheuren Wasserdruck in ihrem Lebensraum angepasst. Der Innendruck im Organismus ist genauso hoch wie der Außendruck. Wenn ein Tiefseefisch in höhere Wasserschichten auftaucht, wird der Druck, der auf ihm lastet, immer geringer. Der Innendruck bleibt jedoch gleich hoch, und der Tiefseefisch geht zu Grunde. Viele Luft atmende Meeresbewohner haben ein ausgefeiltes Organsystem, das ihnen hilft, den wechselnden Wasserdruck auszugleichen. Zu diesen Tieren gehören manche Wale, Robben und auch die Pinguine. Sie können problemlos in größere Tiefen tauchen und wieder auftauchen.

Wie nutzt der Pottwal den Wasserdruck beim Beutefang?

Zu den besten Tauchern gehört der Pottwal. Dieser riesige, mit den Delfinen verwandte Wal jagt die in der Tiefsee hausenden Riesenkalmare. Das sind Kraken mit bis zu 20 Meter langen Fangarmen. Pottwale tauchen bis zu zwei Kilometer tief um Riesenkalamare zu erbeuten: Sie packen den Kraken und ziehen ihn hoch. Pottwale können den wechselnden Wasserdruck ausgleichen, während ihre Opfer beim Auftauchen in geringen Wassertiefen bewusstlos werden.

Was haben alle Nagetiere gemeinsam?

Sämtliche Nagetiere haben große Schneidezähne, die ständig nachwachsen. Beim Nagen werden sie abgeschliffen und schärfen sich. Gibt es nur weiches Futter und nichts zum Nagen, wachsen die Nagezähne immer weiter. Das Tier kann das Maul nicht mehr zuklappen und verhungert. Zu den Nagetieren gehören unter anderem die Ratten, Mäuse, Siebenschläfer und Stachelschweine. Das Wasserschwein ist das größte aller Nagetiere. Wasserschweine oder Capybaras leben im Amazonas-Gebiet und werden 50 Kilogramm schwer. Die Hasen sind übrigens keine Nagetiere.

Was ist der Unterschied zwischen Schmetterlingen und Nachtfaltern?

Schmetterlinge falten ihre Flügel nach oben. Nachtfalter wie die Motten schlagen sie nach unten ein. Motten sind Schmetterlinge, die hauptsächlich in der Nacht fliegen. Viele Arten sind Vorratsschädlinge. Ihre Raupen machen sich über Obst und Getreidekörner her. Die Raupen anderer Mottenarten fressen Federn, Pelze und Wolle. Dazu gehören die Pelzmotten und die Kleidermotten.

Wann verlieren Vögel ihre Federn?

Vögel tauschen ihr Federkleid mindestens einmal jährlich komplett aus. Man nennt das die Mauser. Die neue Feder schiebt nach, die alte fällt aus. Manche Vögel kommen sogar zweimal jährlich in die Mauser. Bei ihnen sieht das Sommerkleid anders aus als das Wintergefieder. Meistens geschieht der Federwechsel nach und nach, sodass die Vögel immer noch genug Schwungfedern zum Fliegen haben. Manche Arten, wie Gänse und Enten, verlieren ihre Schwungfedern auf einmal. Sie können eine Zeit lang nicht fliegen und müssen sich im Sumpfdickicht verstecken, bis sie wieder fliegen können.

Was unterscheidet Reptilien von Säugetieren?

Die Reptilien, auch Kriechtiere genannt, sind Wirbeltiere. Das heißt, sie haben wie Vögel, Fische, Amphibien und Säugetiere ein starres, innen liegendes Knochengerüst mit einer Wirbelsäule. Zu ihnen gehören die Schlangen, Krokodile, Eidechsen und Schildkröten. Die Reptilien werden an Land geboren und atmen Luft. Das unterscheidet sie auf der einen Seite von den Amphibien und Fischen. Amphibien, zum Beispiel Frösche, verbringen ihre Kindheit als fischartige Wesen im Wasser. Auf der anderen Seite unterscheiden sich die Reptilien von den Vögeln und Säugetieren durch die Art und Weise, wie sie ihre Körpertemperatur regulieren.

Kriechtiere sind stets so warm oder so kalt wie die Umgebung; bei Kälte erstarren sie. Vögel und Säugetiere sind dagegen Warmblüter. Sie haben einen inneren Mechanismus, der dafür sorgt, dass die Körpertemperatur stets gleich bleibt.

Welche Tiere bauen ein Korallenriff?

Das größte von Lebewesen erzeugte Bauwerk der Erde ist nicht die Chinesische Mauer. Es ist das Große Barrier-Riff vor Australien. Das 2000 mal 250 Kilometer große Korallenriff wurde von winzigen, einen Zentimeter langen Meerestierchen geschaffen, den Korallen, die absterben und ihr Kalkgerippe zurücklassen.

Weshalb wälzen sich Schweine so gern im Schlamm?

Schweine haben keine Schweißdrüsen und können selbst an den heißesten Tagen nicht schwitzen. Sie suhlen sich deshalb gern im kühlen Schlamm. So ein Schlammbad überzieht die empfindliche Haut außerdem mit einer Kruste, die gegen die Sonne und Insektenstiche schützt. Die Massentierhaltung ist auch deshalb so grausam, weil sie den Schweinen jede Möglichkeit nimmt, sich im Schlamm zu wälzen. Die Lust am Schlammbad teilen die Hausschweine mit ihren wild lebenden Verwandten, den Wildschweinen, und mit vielen großen Wildtieren der heißen Länder.

Welches Tier setzt man zur Suche nach Pilzen ein?

Schweine haben einen äußerst feinen Geruchssinn – und sie wühlen mit ihrer Schnauze gern in der Erde. Deshalb setzt man sie in Frankreich gern auf der Suche nach Trüffeln ein. Das sind feine, sehr teure Speisepilze, die unter der Erde wachsen. Man legt das Trüffelschwein an die Leine und lässt es in den Wäldern suchen. Die Schweine wittern die delikaten Pilze durch die obere Erdschicht und fangen an zu wühlen. Nun kennt man den Trüffelplatz und zieht das arme Schwein weg. Es wird mit billigem Futter abgespeist, und die Trüffelsucher graben die Trüffeln selbst aus.

Wie weit fliegt eine Biene für ein Kilogramm Honig?

Um den Nektar für ein Kilogramm Honig zu sammeln, müsste eine einzelne Biene insgesamt 40 000 Kilometer zwischen Bienenstock und Futterquelle zurücklegen. Das entspricht einem Zug rund um die Erde. Natürlich schafft das eine Biene nicht allein. Ein aus vielen tausend Bienen bestehendes Bienenvolk erzeugt pro Jahr nur etwa 20 Kilogramm Honig.

Wie entsteht Honig?

Die Bienen sammeln aus den Blüten von Blumen und anderen Pflanzen den zuckerhaltigen Blütensaft, den Nektar. Im Honigmagen der Biene wird der Nektar zu Honig umgewandelt, der zu drei Vierteln aus Zucker besteht. Der Rest ist hauptsächlich Wasser und Eiweiß. Die Bienen speichern den Honig in den Waben der Bienenstöcke. Die Imker nehmen den Bienen die Waben mitsamt dem Honig weg und trennen den Honig vom Wachs der Waben durch Schleudern, oder sie lassen den Honig aus den Waben laufen.

Gibt es Kamele überall auf der Welt?

Kamele oder kamelartige Tiere gibt es außer in Europa und Nordamerika in allen bewohnten Weltgegenden: Dromedare in Afrika, die „echten" Kamele in Asien und die Lamas in Südamerika. In Australien wurden die an heiße, trockene Gebiete angepassten Kamele als Last- und Reittiere eingeführt. Teilweise sind sie verwildert und leben als Wildkamele in menschenleeren Gebieten. Die meisten Kamele gibt es heute in China, dort leben eine halbe Million. In Ägypten, dem klassischen Kamelland, gibt es nur noch etwa 200 000.

Wozu brauchen Zebras ein Tarnkleid?

Zebras sind weiß (oder zumindest weißlich) mit schwarzen Streifen. Ihr Tarnkleid brauchen sie nicht, um sich vor Löwen und anderen Raubtieren zu verstecken. Im Gegenteil, ihr gestreiftes Fell ist in der graubraunen oder grünen Steppe sogar ziemlich auffällig. Mit ihrer Zeichnung verwirren die Zebras einen anderen Feind, der viel kleiner und gefährlicher ist: die Tsetsefliege. Diese Stechmücke überträgt die gefürchtete Schlafkrankheit. Auf Zebras stürzen sich die Tsetsefliegen weniger häufig als auf andere Tiere. Offensichtlich kommen sie durch das Streifenmuster durcheinander und wissen nicht, wohin sie sich setzen sollen.

Wie entsteht eine Perle?

Perlen sind keine Edelsteine, sondern werden von bestimmten Muscheln, nämlich von Austern, erzeugt. Wenn ein kleiner Fremdkörper, zum Beispiel ein Sandkorn, in das Innere der Muschel und unter die Schale gerät, macht ihn die Auster unschädlich. Sie produziert ein Material namens Perlmutt, das hart wird und den Eindringling Schicht für Schicht umkleidet. Auf diese Weise kann ein winziges Perlchen im Laufe von Jahren zu einer großen Perle heranwachsen.

Weshalb haben die Vögel so verschiedene Schnäbel?

Vogelschnäbel dienen vielen Zwecken: Sie sind Waffen und bei manchen Arten, wie bei den Papageien, sogar Kletterwerkzeuge. In der Hauptsache sind sie jedoch Fresswerkzeuge. Die Vögel ernähren sich auf verschiedenste Art und Weise und brauchen daher auch verschiedene Schnäbel. Raubvögel wie die Adler haben einen Hakenschnabel, mit dem sie ihre Beute zerreißen. Körnerfresser wie die Finken haben kurze, kräftige und stumpfe Schnäbel, die Körner wie mit Zangen knacken können. Die breiten Entenschnäbel dienen dazu, Nahrung – Kleintiere und Pflanzen – aus dem Wasser zu sieben. Spezialisten wie die Kolibris mit ihren langen, röhrenförmigen Schnäbeln saugen Nektar aus Blüten. Andere Vögel wie die Amseln sind weniger spezialisiert und haben einen Allzweckschnabel, mit dem sie sowohl Beeren pflücken als auch Insekten aufspießen oder Samen picken können.

Weltraum

Kann man im Weltraum eine vorbeifliegende Rakete hören?

In vielen Science-Fiction-Filmen sieht man, wie Raumschiffe durch das All donnern. Das ist sehr beeindruckend, aber völlig falsch. Raketen im Weltraum kann man nicht hören – weil es im Weltraum keine Luft gibt. Schall kann sich nur in Gasen, Flüssigkeiten oder festen Körpern fortpflanzen. Er braucht ein Medium, das er ins Schwingen bringen kann. Im Weltraum aber herrscht Vakuum. Es ist leer. Der Schall kann nicht weitertransportiert werden. Angenommen, ein riesiger Komet würde auf den Mond stürzen. Dann würden wir die gigantische Explosion sehen können, denn Licht durchdringt den leeren Weltraum. Aber wir würden keinen Ton hören. Und genauso wenig würden wir die Triebwerke eines Raumschiffs hören, das durch das Weltall fliegt.

Was ist ein Satellit?

Satelliten sind kleine künstliche Himmelskörper, die auf der Erde zusammengebaut und von Raketen in den

Himmel geschossen werden. Sie umkreisen in großen Höhen die Erde. Satelliten dienen verschiedenen Zwecken. Nachrichtensatelliten fangen Funksignale auf und werfen sie auf die Erde zurück. Auf diese Weise können Telefongespräche rund um den Erdball übertragen werden, oder es werden Fernsehsendungen zur Erde gestrahlt. Wettersatelliten beobachten das Wettergeschehen und melden die Daten an die meteorologischen Stationen. Spionagesatelliten nehmen scharfe Bilder von der Erdoberfläche auf und können erkennen, ob sich irgendwo in abgelegenen Gebieten Fahrzeuge und Truppen sammeln. Forschungssatelliten liefern den Wissenschaftlern Informationen über Ereignisse wie die Ausdehnung von Gletschern oder Wüsten. Manche Satelliten haben leistungsfähige Teleskope eingebaut. Vom Weltraum aus ist der Blick auf die Sterne nicht durch Dunst oder Staub in der Lufthülle behindert. Die Fernrohr-Satelliten senden die Bilder als eine Art Fernsehbild auf die Erde.

Wie kommen Satelliten in den Himmel?

Fast alles, was wir in den Himmel schießen, fällt auf die Erde zurück: Pfeil, Ball, Kanonenkugel – alle Dinge fallen nach längerem oder kürzerem Flug auf die Erde zurück. Sie verlieren den Schwung, der sie hochtreibt, und die Schwerkraft holt sie wieder auf den Boden. Schwerkraft nennen wir die Kraft, die große Massen (wie die Erde) auf andere Körper (wie Pfeil, Ball oder Kanonenkugel) ausüben. Bis zur Erfindung der modernen Weltraumtechnik war es unmöglich, ein Geschoss mit einer so hohen Geschwindigkeit in den Himmel zu schießen, dass es nicht mehr auf die Erde zurückfiel. Diese Geschwindigkeit nennt man Fluchtgeschwindigkeit. Sie beträgt etwa 41 000 Stundenkilometer. Das ist das 50fache Tempo eines Passagierjets. Solche Geschwindigkeiten können nur von Raketen erreicht werden. Sie befördern Satelliten so hoch in den Himmel hinauf, dass sie nicht mehr auf die Erde zurückfallen können. Sie kreisen um unseren Planeten.

Warum bleiben Wettersatelliten immer am selben Ort?

Wettersatelliten liefern ständig Bildserien vom Wettergeschehen tief unter ihnen auf der Erde. Die Bilder werden von Computern zu Filmen verarbeitet, die zeigen, wie sich Wolken entwickeln und Wetterfronten über die Erde schieben. Diese und viele andere Informationen, die Wettersatelliten auf die Erde funken, helfen den Meteorologen, eine Voraussage über das Wetter der kommenden Tage zu machen. Wichtig dabei ist, dass der Satellit immer vom selben Punkt im Weltraum aus seine Bilder fotografiert. Er fliegt gerade so schnell, dass er sich mit der Erde mitdreht. Von der Erde aus gesehen kreist er aber nicht, sondern steht still. Wir können ihn natürlich nicht sehen. Dazu ist ein Wettersatellit viel zu weit von der Erde entfernt. Seine Höhe beträgt 36 000 Kilometer. Schon ein Flugzeug, das in sieben Kilometern Höhe fliegt, ist mit bloßem Auge nicht zu sehen – und der Satellit ist 5 000-mal so weit entfernt.

Welche Raketen können wieder auf der Erde landen?

Normale Raketen sind für einen einmaligen Gebrauch gebaut. Sie schießen Lasten wie Satelliten oder Raumkapseln in die Erdumlaufbahn und brennen dabei aus wie Feuerwerkskörper. Raumfähren dagegen sind wiederverwertbare Raumschiffe. Sie sehen aus wie dicke

Düsenflugzeuge mit kleinen Stummelflügeln. Beim Start wird die Raumfähre (der Spaceshuttle) huckepack auf einer Trägerrakete befestigt und von der Rakete in den Weltraum transportiert. Tank und Startraketen fallen auf die Erde zurück, doch die Raumfähre selbst kann im Weltraum selbstständig manövrieren. Die Astronauten setzen Satelliten aus oder transportieren Forscher in Weltraumlabors, die die Erde umkreisen. Wenn sie ihre Aufgabe erfüllt haben, steuert der Pilot seine Raumfähre auf die Erde zurück. Dank ihrer hohen Geschwindigkeit kann die Raumfähre auf ihren kleinen Tragflächen auf einer langen Landebahn wie ein Segelflugzeug aufsetzen und ist zu einem weiteren Flug bereit.

Wie können Astronauten in der Schwerelosigkeit schlafen?

Auf der Erde wissen wir immer genau, wo unten und oben ist: Unten ist dort, wo die Dinge hinfallen, die wir fallen lassen. In einer Raumstation, die die Erde umkreist, ist das ganz anders. Auf die Astronauten wirkt keine Schwerkraft ein. Sie – und alle Dinge im Raumschiff – befinden sich im schwerelosen Zustand. Alles, was nicht befestigt ist, schwebt herum. Das bringt viele Probleme, die uns auf der Erde völlig unbekannt sind. Weil es kein Unten und kein Oben gibt, müssen die Astronauten zum Schlafen in einen Schlafsack kriechen, der an der Wand – oder am Boden oder an der Decke angebunden ist. Sonst würden sie im Schlaf durch die Gegend schweben. Auch bei einfachen Tätigkeiten müssen sie sich festhalten. Es ist fast unmöglich, einen Hammerschlag zu tun, ohne selbst herumzuwirbeln. Viele Werkzeuge, die Astronauten im Weltall benutzen, mussten für den Gebrauch in der Schwerelosigkeit speziell konstruiert werden.

Was essen Astronauten?

Astronautennahrung wird auf der Erde gekocht und in Dosen mit in den Weltraum genommen. Die Köche dürfen allerdings keine Bohnen, keinen Knoblauch und keine anderen Lebensmittel verwenden, die Blähungen verursachen. Im Raumschiff gibt es nämlich keine Frischluft. Die Atemluft wird ständig erneuert, und mit heftig pupsenden Astronauten könnte das Luftsystem Schwierigkeiten haben. Außerdem dürfen die Speisen nicht krümeln. Für die Astronauten wird deshalb ein spezielles, krümelfreies Brot gebacken. Beim Essen in Schwerelosigkeit müssen die Raumfahrer Acht geben, dass ihnen keine Bissen verloren gehen und davonschweben. Für Getränke gibt es besondere Becher, aus denen sie die Flüssigkeit saugen. Aus einer normalen Tasse würde alles davonschweben.

Ein ähnliches Problem gibt es beim Duschen. Dazu müssen die Raumfahrer in einen großen, rundum verschlossenen Sack steigen.

Kann man vom Mond aus Häuser sehen?

Der Mond ist viel zu weit von der Erde entfernt, als dass man von ihm aus einzelne Häuser sehen könnte. Es gibt nur ein einziges von Menschen errichtetes Bauwerk, das man vom Mond aus erkennen kann – die 2 400 Kilometer lange Chinesische Mauer. Man sieht sie als haarfeine Linie. Ein anderes, von Tieren errichtetes Bauwerk nimmt man dagegen sehr deutlich wahr: das Große Barrier-Riff vor der Küste Australiens. Dieses Korallenriff wurde von kleinen Meerestierchen, den Korallenpolypen, gebaut.

In welche Richtung zeigt der Schweif eines Kometen?

Der Schweif eines Kometen ist immer von der Sonne abgewandt, egal, in welche Richtung der Komet fliegt. Der Schweif entsteht, wenn der Druck der Sonnenstrahlen leuchtende Teilchen vom Kometen forttreibt. Der Kometenschweif sagt also nichts über die Flugrichtung des Kometen aus. Die leuchtenden Teilchen, die wir aus weiter Entfernung als Kometenschweif erkennen, sind übrigens äußerst dünn gesät. Wenn die Erde in den leuchtenden Schweif eines Kometen gerät, passiert gar nichts. Die Erde kann den viele Millionen Kilometer langen Schweif ungehindert durchqueren. Zuletzt war dies im Jahr 1861 der Fall.

Wie lange würde ein Schnellzug zum Mond brauchen?

Er würde drei Monate lang fahren. Der Mond ist durchschnittlich 385 000 Kilometer von der Erde entfernt. Das entspricht zehn Fahrten rund um die Erde. Zur

Sonne wäre der Zug fast 400-mal so lang unterwegs wie zum Mond: etwa 100 Jahre. Die Entfernung zwischen Erde und Sonne beträgt etwa 150 Millionen Kilometer.

Wie kalt wird es in der Nacht auf dem Mond?

Auf dem Mond sinken die Temperaturen nachts auf minus 180 Grad Celsius. Tagsüber wird es unerträglich heiß. Dem Mond fehlt eine Lufthülle, welche die tagsüber eingestrahlte Sonnenwärme über Nacht zurückhält. Auf der Erde funktioniert die Atmosphäre wie eine Thermoskanne. Die Wärme kann nicht so leicht in den Weltraum entweichen.

Warum sehen wir vom Mond immer nur eine Seite?

Der Mond kreist um die Erde, dreht sich dabei jedoch so um die eigene Achse, dass er uns stets nur eine Seite zuwendet. Deshalb können wir die Rückseite des Mondes von der Erde aus niemals sehen. Die ersten Bilder von der Rückseite des Mondes lieferten uns erst Raumsonden, die den Mond umrundeten und von allen Seiten fotografierten.

Könnten auf dem Planeten Venus Menschen überleben?

Nein. Die Lufttemperaturen liegen bei knapp 500 Grad Celsius. Und auch im hitzebeständigen Raumanzug könnte man auf der Venus nicht existieren. Auf diesem Planeten ist der Luftdruck so groß wie der Wasserdruck in 800 Metern Meerestiefe. Ein Mensch könnte es unter diesen Bedingungen nur in einem Raumschiff – oder einem Unterseeboot – aushalten. Im Freien würde ihn der Druck zerquetschen.

Sind Morgenstern und Abendstern verschiedene Sterne?

Morgenstern und Abendstern sind ein und derselbe Stern. Es handelt sich um den Planeten Venus. Planeten senden kein eigenes Licht aus, sondern leuchten – wie der Mond – im Schein der Sonne. Sie „wandern“ über den Himmel und sind zu verschiedenen Zeiten an verschiedenen Orten sichtbar. Deshalb nennt man Planeten manchmal auch Wandelsterne.

Wie oft entstehen in der Milchstraße junge Sterne?

In der Milchstraße entsteht durch die Zusammenballung von kosmischer Materie alle zwei Wochen ein neuer Stern. Die jüngsten Sterne in unserer Galaxis sind also gerade mal ein paar Tage alt. Bis wir so ein Sternenbaby sehen, dauert es allerdings viele, vielleicht hunderte oder tausende Jahre. So lange braucht das Licht des neugeborenen Sterns, um die Erde zu erreichen.

Warum hat der Planet Erde keinen richtigen Namen?

Unsere Erde ist ein Planet wie andere Planeten auch – mit dem Unterschied, dass hier lebensfreundliche Bedingungen herrschen. Ansonsten ist die Erde Teil des Planetensystems. Als die frühen Astronomen darangingen, den Planeten Namen zu geben, hielten sie die Erde für den Mittelpunkt des Universums. Alle anderen Planeten wurden nach antiken Göttern benannt. Für die Erde gab es keinen speziellen Namen. Moderne Astronomen nennen die Erde manchmal Terra. Das ist einfach das lateinische Wort für Erde.

Wie lange braucht die Wärme von der Sonne bis zur Erde?

Die Sonnenwärme braucht genauso lange wie das Sonnenlicht. Wärmestrahlen und Lichtstrahlen sind beides elektromagnetische Strahlen, die sich mit Lichtgeschwindigkeit fortbewegen. Von der Sonne bis zur Erde dauert das etwa 8,5 Minuten.

Wie viele Pferdestärken hatten die Mondraketen?

Die Saturn-Raketen, die bei den amerikanischen Mondflügen eingesetzt wurden, waren die stärksten Maschinen, die jemals von Menschen gebaut wurden. Sie leisteten 175 Millionen PS. In der Startphase schluckte dieses Monstrum pro Sekunde 13,5 Tonnen Treibstoff. Mit dieser Menge, die vom Raketentriebwerk in einer Sekunde verbraucht wurde, könnte ein Mittelklassewagen zwei Monate lang ununterbrochen fahren.

Wie gefährlich sind Meteoriten für Menschen?

Die Erde wird Jahr für Jahr um etwa 10 000 Tonnen schwerer. Dieser Gewichtszuwachs stammt von Meteoriten, die auf die Erde stürzen. Die meisten dieser kleinen Himmelskörper verglühen zwar als Sternschnuppen. Doch ein Teil ihrer Masse regnet als Staub auf die Erde nieder. Auch größere Teile fallen immer wieder auf die Erdoberfläche. Für einen Menschen ist die Gefahr, von einem Meteoriten getroffen zu werden, äußerst gering. Im Durchschnitt alle 17 Jahre wird irgendwo auf der Welt ein Mensch von einem Teilchen getroffen. Der gefährlichste derartige Unfall ereignete sich im Jahr 1954 in Amerika. Damals durchschlug ein vier Kilogramm schwerer Brocken ein Hausdach.

Was ist der Unterschied zwischen der Milchstraße und der Galaxis?

Galaxis ist das Fremdwort für Milchstraße. Es kommt vom griechischen Wort „Gala“ für Milch. Nach der griechischen Sage hat die Göttin Hera Muttermilch über den Himmel verschüttet, als sie ihren Sohn Herakles stillte. Die Milchstraße ist eine gigantische, aus Milliarden Sonnen bestehende Ansammlung von Sternen. Zu ihr gehört auch unsere Sonne. Unser Planetensystem ist am Rande der Milchstraße angesiedelt. Deshalb sehen wir die Milchstraße von außen als milchiges Band, das sich über den Nachthimmel zieht.

Was ist eine Supernova?

Am Ende ihrer Lebenszeit flammen manche Sterne in einer Art Explosion auf und verbrauchen in kurzer Zeit all ihre restliche Energie. Dabei überstrahlen sie alle Nachbarsterne. So einen überhellen, im Todeskampf liegenden Stern nennt man Supernova.

Essen und Trinken

Wieviel isst ein Mensch im Lauf seines Lebens?

Während seines Lebens isst ein durchschnittlicher Mensch Lebensmittel mit einem Gesamtgewicht von 30 Tonnen; das entspricht dem Gewicht von sechs Elefanten.

Warum werden manche Menschen dick?

Jedes Lebewesen verbraucht ständig Energie. Tiere und Menschen nehmen diese Energie durch die Nahrung auf. Wenn wir mehr essen, als wir verbrauchen, wird die überflüssige Nahrung in Fett umgewandelt. Das Fett lagert sich als eine Art Polster unter der Haut ab. Menschen, die ständig zu viel essen, werden meistens dick. Dagegen hilft nur, weniger und gesündere Sachen zu essen und Sport zu treiben. Bei körperlicher Betätigung verbraucht der Körper mehr Energie. Aber nicht alle dicken Leute essen zu viel. Manchmal haben sie die Neigung zum Dickwerden geerbt. Sie verwerten die Nahrungsenergie besser als andere Menschen und nehmen zu, obwohl sie weniger essen.

Welche Lebensmittel machen dick?

Fettes Fleisch, viele Milchprodukte wie Butter und Käse, Süßigkeiten und Nahrungsmittel aus Weißmehl (Brot, Brötchen und Nudeln) machen dick. Schlank bleibt, wer viel Gemüse und Vollkornprodukte isst, zum Beispiel Vollkornnudeln, Vollkornbrot und braunen Reis.

Woher kommen Milch, Käse und Butter?

Alle Säugetiere ernähren ihre Jungen mit einer fetten, nahrhaften Flüssigkeit, der Muttermilch. Die Menschen sind die einzigen Lebewesen, welche auch die Muttermilch anderer Tierarten trinken, zum Beispiel die Milch der Rinder und der Ziegen. Daraus werden auch Lebensmittel wie Butter, Käse und Quark erzeugt. Die Milch der Kuh ist eigentlich für das Kalb gedacht.

Was geschieht mit den Kälbern einer Milchkuh?

Kühe geben nur Milch, wenn sie ein Kalb haben. In den großen Milchwirtschaftsbetrieben nimmt man der Kuh nach kurzer Zeit das Kälbchen weg. Das Kalb wird dann meist mit Kunstmilch gefüttert. Die Kuh gibt weiter Milch, sie wird maschinell gemolken. Sie muss immer wieder Kälbchen auf die Welt bringen, damit sie weiter Milch produzieren kann. Nach einigen, oft schon nach drei Jahren, kann die Milchkuh keine Milch mehr geben. Auf ökologisch wirtschaftenden Bauernhöfen haben es die Kühe und Kälber besser und dürfen einige Zeit miteinander verbringen.

Wie kommen die Löcher in den Emmentaler Käse?

Bei der Reifung von Emmentaler Käse sind bestimmte Arten von Bakterien beteiligt, die Gase im so genannten Käseteig entwickeln. Diese Gase sammeln sich in Blasen und erzeugen die berühmten Löcher im Käse.

Wie entsteht Alkohol?

Beim Gärungsprozess von Kartoffeln, Getreide oder Früchten verwandeln winzige Hefepilze den in den Pflanzen enthaltenen Zucker und die Stärke in Alkohol um. Alkohol ist also ein Abfallprodukt dieses chemischen Prozesses. Hefepilze sind übrigens auch beim Brotbacken an der Arbeit. Sie erzeugen Gase, die den Teig locker machen. Unter diesen Gasen sind auch Alkoholdämpfe. Ein frischer Brotlaib kann deshalb auch ein klein wenig Alkohol enthalten.

Seit wann gibt es in Europa Möhren?

Viele beliebte Gemüsearten waren unseren Vorfahren im Mittelalter völlig unbekannt. Dazu zählt beispielsweise die südamerikanische Tomate, die erst nach der Entdeckung Amerikas ihren Weg nach Europa fand. Bis vor 200 Jahren hielt man Tomaten für schön, aber ungenießbar. Aber auch die Möhre oder Karotte ist ein junges Gemüse. Sie stammt aus Afghanistan. Dort lernten die alten Griechen, die auf ihren Feldzügen unter Alexander dem Großen bis tief nach Asien vorstießen, auch die Möhre kennen und brachten sie nach Europa.

Allerdings nicht als Gemüse zum Essen, sondern als Heilpflanze. Erst vor 400 Jahren begann man in Deutschland, Möhren anzupflanzen, zu züchten und zu essen.

Was heißt Apfelsine auf Deutsch?

Chinesenapfel. Apfelsinen und andere Zitrusfrüchte haben ihre Heimat in China. Holländische Kaufleute führten sie früher aus dem Fernen Osten ein und priesen die Früchte als „appelsien“ (Apfel aus China) an. Andere Namen sind Orange und Pomeranze.

Wie viele Orangen kann ein Pflücker pro Tag ernten?

Heute werden Orangen in allen warmen Ländern angebaut. Riesige Plantagen gibt es zum Beispiel in Israel, Spanien und Florida. Orangen wachsen auf Bäumen. Ein mittelgroßer Orangenbaum trägt etwa 20 000 Orangen. Ein guter Pflücker kann einen Baum an einem Tag leer pflücken. Pro Orange braucht er etwa zwei Sekunden.

Woraus besteht Tee?

Schwarzer Tee besteht aus getrockneten Blättern und Knospen des Teestrauchs, die mit heißem Wasser aufgegossen werden. Er wird vor allem in China, Sri Lanka und Indien angebaut. Die Chinesen kennen dieses Getränk schon seit 2700 v. Chr. In Europa dagegen wird erst seit dem 17. Jahrhundert Tee getrunken. Neben dem schwarzen Tee gibt es auch Kräuter- und Früchtetees, die aus getrockneten Kräutern und Früchten hergestellt werden.

Warum stehen Reisfelder meist unter Wasser?

Das wichtigste Nahrungsmittel der Erde ist der Reis. Er ist das Grundnahrungsmittel für gut die Hälfte der Weltbevölkerung. Reis stammt aus Asien, wo er auch hauptsächlich angebaut wird. Die Bauern überfluten die Reisfelder mit Wasser, damit neben dem Reishalm kein Unkraut aufkommen kann.

Wer hat die Schokolade erfunden?

Erfunden wurde die Schokolade vor etwa 800 Jahren in Mexiko, und zwar als bitteres Getränk aus Wasser und Kakao. Mit den spanischen Eroberern kam die Schokolade nach Europa, wo man sie süß trank und später dann als Riegel verspeiste. Die Milchschokolade wurde erst 1875 erfunden.

Warum macht Backpulver den Kuchen locker?

Backpulver ist eine Mischung aus einer Substanz namens Natriumkarbonat und verschiedenen Salzen. Dieses Pulver zersetzt sich bei Hitze und zerfällt im Herd in seine gasförmigen Bestandteile. Im Teig entstehen abertausende winziger Luftporen, die den Kuchen auflockern. Der Kuchen geht auf. Es gibt freilich auch andere Möglichkeiten, einen Teig aufgehen zu lassen. Beim Brotbacken verwendet man Hefepilze oder Sauerteig.

Was ist der giftigste europäische Pilz?

Der giftigste europäische Pilz ist nicht der Fliegenpilz, sondern der Grüne Knollenblätterpilz. Sein Gift kann einen Menschen töten. Das Gift von Fliegenpilzen ist nicht ganz so gefährlich, ruft dafür aber Wahnvorstellungen hervor. Früher bereitete man aus Fliegenpilzen Salben. Das Gift gelangte über die Haut in den Blutkreislauf. Wer sich damit eincremte, bekam manchmal das Gefühl, fliegen zu können.

Welche Kastanien sind essbar?

Nur die Früchte der Edelkastanie, die vor allem im Mittelmeerraum wächst, kann man essen: Man nennt sie Maronen. Die Kastanien der bei uns beheimateten Rosskastanie dagegen sind ungenießbar. Sie werden jedoch im Winter manchmal an Rehe und anderes Wild verfüttert.

Woraus bestehen Gummibärchen?

Den Grundstoff von Gummibärchen bilden Schlachtabfälle. Der „Gummi" der Bärchen ist Gelatine. Das ist ein aus Knochen, Sehnen und anderen Schlachthausabfällen zusammengekochter Leim. Dazu kommen verschiedene Geschmacksstoffe, zum Beispiel Fruchtsäfte.

Welches ist das älteste Gemüse?

Zwiebeln waren das erste Gemüse, das von den Menschen angebaut wurde. Zwiebelbauern gab es schon vor 5 500 Jahren. Bei den alten Ägyptern ernährten sich die einfachen Leute fast nur von Zwiebeln und Brot. Wie kann man den Geschmack von Zwiebeln entschärfen? Man kocht die ganze geschälte Zwiebel eine Minute lang in Wasser, bevor man sie schneidet.

Wirklichkeit oder Fantasie?

Gab es den Hunnenkönig Attila wirklich?

Ja. Er regierte bis zu seinem Tod im Jahr 453 ein Riesenreich in Osteuropa und kam auf seinen Kriegszügen bis tief nach Italien und Frankreich. Im Jahr 453 heiratete er eine germanische Fürstentochter. Beim Hochzeitsmahl verschluckte er sich an einem Hühnerknochen und erstickte. Der Name Attila stammt aus der Sprache der Goten und heißt wörtlich „Väterchen". Im Nibelungenlied tritt er als König Etzel auf. Seine germanische Ehefrau erscheint in der Sage als Kriemhild.

Welchem Fabeltier verdankt Graf Dracula seinen Namen?

Dem Drachen. Das rumänische Wort „Dracul" heißt auf Deutsch Drache. Graf Dracula ist eine Erfindung des Schriftstellers Bram Stoker. Die Idee, einen Blut saugenden „Untoten" zu schaffen, stammt aus der Sagenwelt des Balkans. Dort glaubte man tatsächlich an Vampire. Die Horrorgeschichten um Graf Dracula spielen daher auch auf dem Balkan, genauer in Transsilvanien oder Siebenbürgen in Rumänien.

Gab es den Baron von Münchhausen wirklich?

Ja. Der deutsche Adlige lebte von 1720 bis 1797. Er war ein Abenteurer und Haudegen. Später liebte er es, seine Gäste mit unglaublichen Geschichten zu unterhalten, die er angeblich selbst erlebt hatte. Der Dichter Gottfried August Bürger schrieb die Münchhausengeschichten auf und brachte sie 1786 als Buch heraus.

Wie starb der Gangsterboss Al Capone?

Al (Alphonse) Capone war einer der berüchtigsten Gangsterbosse in der Geschichte des Verbrechens. Von 1921 bis 1931 war er als „Scarface" (Narbengesicht) der König der Unterwelt von Chicago. Auf sein Konto gingen zahlreiche Morde. Trotzdem gelang es der Polizei und den Gerichten nicht, den Gangsterboss eines Verbrechens zu überführen. Als er 1931 hinter Gitter wanderte, war das nicht wegen Mordes, sondern wegen Steuerhinterziehung. Das war das Einzige, was man ihm nachweisen konnte: Al Capone hatte keine Steuern bezahlt. Neun Jahre saß er im Gefängnis, bis er wegen Krankheit begnadigt und freigelassen wurde. Ein paar Jahre später starb er friedlich im Bett.

Welche Heldentat vollbrachte der Glöckner von Notre-Dame?

Der Glöckner von Notre-Dame war ein buckliger Mann namens Quasimodo, der im Dachstuhl und in den Türmen der Kathedrale hauste. Bei einem Brand rettete er die schöne Esmeralda vor dem Feuer. Doch leider gab es diesen Helden nicht wirklich. Quasimodo ist eine Erfindung des französischen Schriftstellers Victor Hugo.

Gab es Winnetou wirklich?

Winnetou, der Häuptling der Apachen, entstammt ganz der Fantasie des deutschen Schriftstellers Karl May. Der berühmte Häuptling ist Held einer ganzen Serie von Wildwestromanen. Sein Partner ist der weiße Abenteurer Old Shatterhand – die „alte Schmetterhand". Der Sachse Karl May schrieb die meisten seiner Romane, bevor er sich in Amerika überhaupt einmal umgesehen hatte.

Hat Robinson wirklich gelebt?

Im Buch „Robinson Crusoe“ lebt Robinson ganz allein auf seiner Insel, bis er endlich einen Gefährten findet, einen Eingeborenen namens Freitag. Später werden die beiden gerettet. Robinson Crusoe und Freitag sind Figuren aus dem Roman von Daniel Defoe. Das Vorbild für diese Geschichte waren die wirklichen Erlebnisse eines schottischen Matrosen namens Alexander Selkirk. Ihn hatte es im Jahr 1704 bei einem Schiffbruch auf eine menschenleere Insel verschlagen. Dieser echte Robinson überstand fünf einsame Jahre auf seiner Insel und kehrte dann wieder in seine Heimat zurück.

Wann lebte Till Eulenspiegel?

Der berühmte Schelm Till Eulenspiegel lebte vor 700 Jahren in Niedersachsen. Er spielte vor allem den Städtern und Handwerkern saftige Streiche. Später wurden seine Abenteuer aufgeschrieben und dabei kräftig ausgeschmückt. Till-Eulenspiegel-Geschichten zählten zu den ersten Büchern, die überhaupt gedruckt wurden.

Hat es einen echten Tarzan gegeben?

Tarzan ist eine Romanfigur des amerikanischen Schriftstellers Edgar Rice Burroughs. Die Tarzan-Bücher erzählen vom Sohn eines englischen Lords, der nach einem Schiffbruch in Afrika von Schimpansen aufgezogen wurde. Durch seine überlegene Intelligenz schwang sich Tarzan zum Herrn der Affen und des Dschungels auf. Später begegnete er anderen Menschen, blieb aber seinen Affen treu. Diese Geschichten sind reine Fantasie.

Können Kinder von Tieren aufgezogen werden?

Früher kam es tatsächlich vor, dass kleine Kinder in der Wildnis ausgesetzt wurden oder verloren gingen und trotzdem überlebten. Sie wurden von Tieren, oft von Wölfen, angenommen und gesäugt. Später lebten sie mit den Tieren in der Wildnis. Vor allem aus Indien sind wahre Geschichten von so genannten Wolfskindern bekannt. Solche Kinder lernten niemals sprechen. Auch wenn sie später von Menschen gefunden und betreut wurden, begriffen sie nicht mehr, dass sie keine Tiere waren. Die Wolfskinder liefen weiterhin am liebsten auf allen vieren und fraßen rohes Fleisch aus Näpfen. In menschlicher Umgebung starben sie alle bald. Ein Menschenbaby braucht von Anfang an Menschen um sich, um die Sprache zu erlernen und um sich als Mensch fühlen zu können.

Wer war Götz von Berlichingen?

Der Ritter Götz von Berlichingen hat im späten Mittelalter wirklich gelebt. Er war ein gefürchteter Haudegen, der im Kampf eine Hand verlor. Fortan trug er eine Prothese. Man nannte ihn auch den „Ritter mit der Eisernen Hand“. Seine Lebensgeschichte inspirierte Goethe zum Schauspiel „Götz von Berlichingen“, in dem auch das bekannte Götz-Zitat vorkommt.

Wem begegnete Gulliver?

Held des Buchs „Gullivers Reisen“ von Jonathan Swift ist der Schiffsarzt Lemuel Gulliver. Auf einer seiner Reisen verschlägt es ihn zu den winzigen Liliputanern; denen erscheint er riesengroß. Oft bezeichnet man sehr, sehr kleine Menschen mit diesem Ausdruck.

Von wem wurde Moby Dick gejagt?

Einer der Helden des Romans „Moby Dick“von Herman Melville ist ein weißer Wal. Sein Gegenspieler ist der Walfänger Kapitän Ahab, der Moby Dick über alle Meere jagt. Ahab sieht das Ziel seines Lebens darin, den Wal zu töten, und kommt dabei selbst um. Weiße Wale gibt es tatsächlich. Bei allen Arten treten bisweilen Albinos auf. Das sind Tiere, bei denen keine Farbpigmente entwickelt werden. Sie bleiben an Haut und Haaren farblos, das heißt weiß.

Wer war Robin Hood?

Robin Hood ist eine englische Sagenfigur. Es gab ihn niemals wirklich. Viele Bücher und Filme erzählen davon, wie der edle Räuber im englischen Sherwood Forest reiche Kaufleute beraubt und das Geld unter die Armen verteilt hat.

Gab es Sherlock Holmes wirklich?

Nein. Der berühmte Detektiv Sherlock Holmes ist eine Fantasiefigur. Sie entstammt den Romanen des englischen Autors Arthur Conan Doyle. Die Sherlock-Holmes-Romane waren so erfolgreich, dass mit der Zeit immer mehr Leser glaubten, den scharfsinnigen Kriminalisten müsse es wirklich geben. Sie wandten sich sogar an seine Romanadresse (Baker Street, London).

Wann lebte und kämpfte Sitting Bull?

Sitting Bull, der Häuptling der Dakota, hat wirklich gelebt. Er war Chef der indianischen Streitmacht, die 1876 in der Schlacht am Little Big Horn eine Armee der Weißen besiegte – die letzte für die Indianer erfolgreiche Schlacht im Krieg gegen die Armee der Vereinigten Staaten. Später unterzeichnete Sitting Bull (Sitzender Stier) einen Friedensvertrag mit der Regierung.

Wer waren Romeo und Julia?

Das berühmte Liebespaar Romeo und Julia hat es nicht wirklich gegeben. Sie sind eine Erfindung von William Shakespeare und die Helden seines gleichnamigen Theaterstücks. Ihre Geschichte handelt von der Liebe zweier junger Leute, die aus verfeindeten Familien stammen. Sie wollen heimlich heiraten, doch der Plan misslingt, und das Liebespaar findet den Tod.

Hat es Käpt'n Hook und John Silver wirklich gegeben?

Die berüchtigten Piraten sind beide Romanfiguren. Käpt'n Hook stammt aus dem Buch „Peter Pan", John Silver aus „Die Schatzinsel".

Hat es früher echte Hexen gegeben?

In den Märchen und Sagen aller Völker spielen Hexen eine wichtige Rolle. Sie gelten als zauberkundige Frauen, die ihre magischen Fähigkeiten zum Wohl und Wehe der Menschen einsetzen können. In unseren Märchen sind Hexen meist böse. Es kommen aber auch gute „weiße“ Hexen vor, die Menschen und Tiere heilen und Unglück abwenden können. Hexen gab es niemals wirklich. Doch im abergläubischen Mittelalter war man davon überzeugt, dass Hexen die Schuld an Unwettern, Seuchen und Krankheiten hatten. Dieser Hexenwahn kostete hunderttausenden unschuldiger Frauen das Leben. Verdächtig waren vor allem Frauen, die sich in der Kräutermedizin auskannten. Oft reichte es auch schon aus, rote Haare zu haben. Priester und Richter beschuldigten sie, ihre Seele dem Teufel verkauft zu haben. Eine Frau, die als Hexe vor Gericht kam, hatte keine Chance. Sie wurde so lange gefoltert, bis sie ihre angeblichen Untaten gestand. Das galt als Beweis, und die „Hexe“ wurde auf dem Scheiterhaufen verbrannt. Dieser grässliche Spuk endete erst vor 200 Jahren.

Was sind Kannibalen?

Kannibalen sind Menschenfresser. Das sind Menschen, die bei bestimmten Gelegenheiten, zum Beispiel bei Festen oder nach Kriegszügen, Leichenteile verspeisen. Kannibalen hat es zu allen Zeiten in der Menschheitsgeschichte gegeben. Funde in Lagern und Gräbern der Steinzeitmenschen zeigen, dass den Toten oft der Schädel gespalten wurde – wahrscheinlich, um das Hirn aufzuessen. In manchen abgelegenen Teilen der Erde gibt es auch heute noch Völker, bei denen es üblich ist, die Leichen getöteter Feinde oder verstorbener Angehöriger zu essen. Kannibalen glauben, mit Herz oder Hirn auch den Mut und den Verstand der Toten in sich aufzunehmen. Auf uns wirkt dieser Brauch grässlich und abstoßend. Für die Kannibalen selbst gehört das zu ihrer Kultur – so wie es für uns normal ist, das Fleisch von Tieren zu essen.

Wer war Sankt Nikolaus?

Der 6. Dezember ist Nikolaustag. Seit dem Mittelalter ist es Brauch, dass an diesem Tag ein als Nikolaus verkleideter Mann den Kindern Geschenke bringt – oder ihnen mit der Rute droht. Die Gestalt des Sankt Nikolaus geht auf einen Bischof zurück, der im frühen Mittelalter in der heutigen Türkei gelebt hat. Eine Legende erzählt, der Bischof Nikolaus habe drei Kinder wieder zum Leben erweckt, die von Räubern umgebracht wurden. Seither gilt er als Schutzpatron der Kinder und Schüler. In den Klosterschulen des Mittelalters bekamen die Schüler am 6. Dezember, dem Namenstag von Sankt Nikolaus, kleine Geschenke. Später wurde es Brauch, den guten Nikolaus vom bösen Krampus oder Knecht Ruprecht begleiten zu lassen. Der Krampus verkörperte den Teufel und war für Strafen und Rutenschläge zuständig.

Wo wurde der Weihnachtsmann erfunden?

In Nordamerika und anderen englischsprachigen Ländern heißt Sankt Nikolaus Santa Claus. Vor etwa 150 Jahren wurde es in Amerika Brauch, den Nikolaustag mit Weihnachten zu verbinden. Santa Claus brachte die Geschenke nun nicht mehr am 6. Dezember, sondern – als Weihnachtsmann – am Weihnachtsabend oder am Weihnachtstag. Nach und nach kam dieser Brauch auch nach Europa. Der Weihnachtsmann ist ähnlich wie Sankt Nikolaus gekleidet und tritt als weißbärtiger alter Mann mit rotem Mantel und Mütze auf.

Woher stammt die Geschichte vom Osterhasen?

Zu Ostern ist es Brauch, dass Kinder die vom Osterhasen gelegten und versteckten Eier (und andere Geschenke) in der Wohnung oder im Garten suchen. Natürlich gibt es keine wirklichen Osterhasen. Die Kindergeschichten vom eierlegenden Hasen entstanden im Mittelalter. Damals war es den armen Leuten erlaubt, zur Osterzeit auf Hasenjagd zu gehen. (Zu anderen Zeiten des Jahres durften nur die Adligen jagen.) Zu Ostern gab es aber auch bemalte oder gefärbte Hühnereier. So kam es, dass man den Kindern erzählte, die Hasen hätten die Eier gebracht.

Menschen und ihre Geschichte

Woher hat der Neandertaler seinen Namen?

Wir Menschen haben uns im Laufe von Millionen Jahren aus affenartigen Wesen zum heutigen Menschen (Homo sapiens) entwickelt. Dabei entstanden immer wieder urtümliche Menschenarten, die später wieder ausstarben. Einer dieser urzeitlichen Verwandten des modernen Menschen war der Neandertaler: ein starkknochiger, stämmiger Menschentyp, der bis vor etwa 40 000 Jahren in der Eiszeit lebte. Überreste eines Neandertalers wurden erstmals im Jahr 1865 in einer Höhle im Neandertal (in der Nähe von Düsseldorf) gefunden; daher der Name.

Sahen die Neandertaler anders aus als wir?

Die Neandertaler waren dem heutigen Menschentyp recht ähnlich. Vom modernen Menschen unterschieden sie sich durch ihre starken Augenwülste und durch das fliehende Kinn. Sie hatten insgesamt ein spitzes Gesicht. Trotzdem würde ein Neandertaler in moderner Kleidung in einer Großstadt nicht sonderlich auffallen.

Konnten die Steinzeitmenschen sprechen?

Die Neandertaler konnten miteinander sprechen, auch wenn ihre Sprache in unseren Ohren sehr sonderbar geklungen hätte. Bestimmte Laute konnten sie nämlich nicht bilden. Sie hatten Werkzeuge, bestatteten ihre Toten und waren in ihrer Lebensweise an das kalte Klima der Eiszeit gut angepasst. Insgesamt waren sie ein an ihre Umwelt gut angepasster Menschentyp.

Warum starben die Neandertaler wieder aus?

Es entwickelte sich zu ihrer Zeit eine andere Unterart des Menschen: der Cromagnonmensch, von dem wir modernen Menschen abstammen. Cromagnonmenschen waren die besseren Handwerker und Künstler als die Neandertaler, und vielleicht waren sie auch intelligenter. Eine Zeit lang lebten die Neandertaler und unsere Ahnen in denselben Gebieten. Vielleicht teilten sie sich sogar große Höhlen. Doch vor 35 000 Jahren verschwanden die Neandertaler aus der Geschichte. Manche Forscher glauben, dass sie von den modernen Menschen ausgerottet wurden; andere sind davon überzeugt, dass sie sich mit ihnen vermischt haben. Wenn das stimmt, dann stammen wir heutigen Menschen zumindest teilweise auch von den Neandertalern ab.

Wie kamen die Steinzeitmenschen zu Feuer?

Die erste und wichtigste Lichtquelle für die Steinzeitmenschen war die Sonne. Die Nächte in der Frühzeit des Menschen waren dunkel. Das Feuer holten sich die Menschen der Steinzeit aus Bränden nach Blitzschlägen. Bald lernten sie, durch Reiben von Holzstücken so viel Hitze zu erzeugen, dass trockener Schwamm (Zunder) zündete. Das Feuer, in dem Holz und fetthaltige Knochen verbrannt wurden, diente in erster Linie zum Kochen und Wärmen. Heller Feuerschein vertrieb aber auch wilde Tiere.

Wie beleuchteten die Höhlenmaler ihre Höhlen?

Die ersten Lampen bauten unsere Vorfahren vor etwa 30 000 Jahren. Sie bestanden aus Stein- oder Knochenschalen, in denen Tierfett brannte. Solche Tranfunzeln verbreiteten ihr trübes Licht im Inneren der Höhlen. Sie gaben gerade so viel Schein, dass die Künstler unter den Höhlenmenschen ihre Bilder an die Wände abgelegener, finsterer Höhlen malen konnten. Fast die gesamte Menschheitsgeschichte lang dienten Flammen als Lichtquellen. Sie wurden von Fett und Öl, von Wachs und schließlich von Petroleum und Gas gespeist. (Die erste Lichtquelle, bei der nichts verbrannt werden musste, nämlich die elektrische Glühlampe, wurde erst im 19. Jahrhundert erfunden.)

Wovon lebten die Steinzeitmenschen?

Die längste Zeit über lebten die Menschen in der Steinzeit als Sammler und Jäger. Sie pflanzten nichts an, sondern ernährten sich hauptsächlich von wild wachsenden Pflanzen, zum Beispiel Grassamen, Früchten, Wurzeln und Pilzen. Für das Einsammeln waren die Frauen zuständig. Die Männer jagten Tiere mit Speeren, Pfeil und Bogen und Wurfkeulen, oder sie trieben das Wild in Fallgruben und Abgründe. Menschen, die sich auf diese Weise ihre Nahrung beschaffen, nennt man auch Wildbeuter. Ihre Waffen und Werkzeuge fertigten sie aus Stein, Knochen und Holz. Wenn sie ihr Sammel-

und Jagdrevier ausgebeutet hatten, zogen sie weiter. Es gibt auch heute noch Völker, die als Sammler und Jäger leben, zum Beispiel Indios im südamerikanischen Regenwald und Aborigines in Australien.

Seit wann gibt es Bauern?

Vor etwa 10 000 Jahren siedelten sich erstmals Menschen in Dörfern an. Sie lernten, bestimmte essbare Grassamen wie die Getreidekörner wieder auszusäen, anstatt immer gleich alles aufzuessen. Die Felder wurden gepflegt und vom Unkraut befreit, und zur Erntezeit sammelte man die Feldfrüchte ein. Außerdem wurden Tiere wie Schafe und Ziegen, später auch Rinder gezüchtet. Das Dasein als Bauern war eine völlig neue Lebensform. Die Menschen mussten nun an Ort und Stelle bleiben und feste Häuser bauen. Um die Vorräte aufbewahren zu können, baute man Speicher und lernte, aus Ton Gefäße zu töpfern. Berufe wie die des Töpfers, Ziegelbrenners oder Zimmermanns entstanden.

Woher kommt das Eisen?

Eisen ist das wichtigste Metall. Menschen gewinnen es seit 3 000 Jahren aus Eisenerz und schmieden daraus Werkzeuge und Waffen. Eisenerz ist ein Gestein, das Eisen enthält. Man muss es aus den Gesteinsbrocken bei Temperaturen zwischen 1 200 und 1 400 Grad Celsius herausschmelzen. Das Eisenerz wird in Bergwerken abgebaut und in einem Hochofen gemeinsam mit Kohle und anderen Stoffen so hoch erhitzt, dass das darin enthaltene Eisen flüssig wird. Es trennt sich von der Schlacke und kann weiterverarbeitet werden.

Woher hat die Steinzeit ihren Namen?

Verschiedene Zeitalter der Menschheitsgeschichte sind nach dem Material benannt, aus dem die Menschen ihre Werkzeuge und Waffen bauten. In der Steinzeit waren dies vor allem Stein, Holz und Tierknochen. In Europa dauerte die Steinzeit bis vor 4 000 Jahren. In anderen Teilen der Welt leben die Menschen noch heute auf einer steinzeitlichen Kulturstufe. Zu diesen Völkern gehören zum Beispiel die Aborigines in Australien und verschiedene Indiovölker im südamerikanischen

Regenwald. Auch die nordamerikanischen Indianer kannten vor Ankunft der Weißen kein Metall.

Wann war die Bronzezeit?

Bronze ist eine Mischung aus Kupfer und anderen Metallen, zum Beispiel Zinn. Vor etwa 5 000 Jahren begannen die Menschen in Asien und Nordafrika, 1 000 Jahre später auch die Europäer, Werkzeuge und Waffen aus Bronze zu schmieden. Damit begann die Bronzezeit. Dieses Metall ist leichter zu bearbeiten als Eisen, allerdings auch weicher. Die berühmten Krieger der griechischen Heldensagen wie Herakles (Herkules) und Odysseus kämpften mit Bronzeschwertern. Deshalb mussten sie mitten in der Schlacht immer wieder Kampfpausen einlegen. Die Schwerter hatten sich verbogen und wurden wieder zurechtgeklopft. Die Bronzezeit dauerte bis vor ungefähr 2 500 Jahren.

Wer fand die Ruinen von Troja?

In einer der berühmtesten Heldengeschichten der Welt, in der Ilias des griechischen Dichters Homer, geht es um den Untergang der sagenhaften Stadt Troja. Die Ilias spielt vor 3 000 Jahren, also in der Bronzezeit. Man hielt die Geschichte immer für ein Märchen. Doch vor 150 Jahren setzte sich der deutsche Kaufmann Heinrich Schliemann in den Kopf, Troja zu finden. Er nahm die Ilias ernst und suchte im Nordwesten der Türkei. Im Jahr 1873 stieß er tatsächlich auf Überreste einer einst mächtigen Stadt und fand verborgene Schätze aus Gold und Silber. Die Ausgrabungen zeigten, dass Troja tatsächlich durch Krieg und Feuer zerstört wurde.

Wozu braucht man Bronze heute?

Seit alters her arbeiten Bildhauer mit Bronze. Um eine Bronzestatue zu gießen, braucht man eine Hohlform, die man mithilfe eines Gipsmodells der künftigen Statue formt. Die Hohlform wird mit flüssiger Bronze ausgegossen und später weggeschlagen. Übrig bleibt die Bronzeplastik. Antike Bronzestatuen sind mit einer graugrünen Schicht überzogen. Diese Art Rost nennt man Patina. Fachleute untersuchen die Patina und stellen fest, ob sie wirklich alt ist. Bei sportlichen Wettkämpfen werden Gold-, Silber- und Bronzemedaillen vergeben; der Dritte erhält Bronze.

Warum heißen so viele Menschen „Schmied"?

Für unsere Vorfahren war die Produktion von Eisen in Eisenhütten und seine Verarbeitung in Schmieden ein komplizierter Prozess, der von Spezialisten betrieben wurde. Schmiede waren daher hoch angesehene Leute und ließen sich gerne als „Schmied“ rufen. Deshalb gibt es heute so viele Familien namens Schmied oder Schmitt, und das in allen europäischen Sprachen. Die in ihren Ländern sehr häufigen Familiennamen Lefevre (Frankreich), Kovacs (Ungarn), Smith (England) und Sapponen (Finnland) heißen auf Deutsch alle Schmied.

Woher hatten die Eskimos das Eisen?

Viele Naturvölker wie die amerikanischen Indianer und die australischen Aborigines lernten das Eisen erst von den Weißen kennen. Nur die grönländischen Eskimos verwendeten seit jeher Eisengeräte. Sie gewannen es aus eisernen Meteoriten, die auf die Erde fielen.

Wie viele verschiedene Sprachen gibt es auf der Welt?

Auf der ganzen Welt werden heute etwa 5 000 Sprachen gesprochen. Bei dieser Zählung gilt jedoch auch das Plattdeutsche als eine eigene Sprache. Die größte Sprachenvielfalt gibt es in den Ländern der Dritten Welt. Beispielsweise verständigen sich allein die Bürger Indiens in 800 verschiedenen Sprachen. 16 dieser Sprachen, darunter Englisch und Hindi, sind offizielle Amtssprachen.

Was ist die meistgesprochene Sprache in Europa?

Die russische Sprache. Sie ist Muttersprache für 130 Millionen Russen und wird auch von 50 Millionen Weißrussen und Ukrainern (als Zweitsprache) gesprochen. Deutsch ist die Muttersprache für etwa 100 Millionen Europäer.

Welche Sprachen werden in Afrika gesprochen?

In Afrika gibt es fast 1 000 verschiedene Sprachen. Viele von ihnen sind miteinander so eng verwandt wie beispielsweise Deutsch und Niederländisch; andere sind völlig verschieden voneinander. Ein Buschmann kann sich mit einem Zulu ebenso wenig verständigen wie ein Mongole mit einem Franzosen. Die beiden größten „Sprachfamilien“ sind die Bantusprachen und die Sudansprachen. Dazu kommt die arabische Sprache, mit der sich die meisten Nordafrikaner verständigen, und das Afrikaans der weißen Südafrikaner. Afrikaans ist dem Niederländischen sehr ähnlich und wird von den Buren, den Nachfahren der holländischen Einwanderer, gesprochen. Die Sprachenvielfalt stellt die Regierungen und Schulen vor große Probleme. Allein in Kamerun leben Dutzende Völker mit eigenen Sprachen. Als gemeinsame Sprache dient daher in den meisten schwarzafrikanischen Ländern die Sprache der ehemaligen europäischen Kolonialmächte. So verständigt man sich in der früheren französischen Kolonie Kamerun auf Französisch, in Kenia auf Englisch.

Wann in der Geschichte gab es die erste Religion?

Seit es denkende Menschen gibt, stellen sie sich religiöse Fragen. Die meisten Menschen glauben an eine höhere, göttliche Macht, die die Geschicke der Menschen lenkt und die dafür sorgt, dass die Menschen auch nach dem Tod auf irgendeine Weise weiterleben. Anzeichen für einen religiösen Glauben finden sich sogar schon bei den Menschen der Frühzeit. Die Neandertaler, eine vor ungefähr 40 000 Jahren ausgestorbene Menschenart, bestatteten ihre Toten und schmückten die Gräber mit Blumen. Forscher schließen daraus, dass schon die Neandertaler an eine andere Welt glaubten, in die Verstorbene nach ihrem Tod eingingen.

Welche Religionen lehren die Wiedergeburt?

Die meisten Religionen lehren, dass ein Mensch nach seinem Tod für seine guten Taten belohnt und für seine Übeltaten bestraft wird. In den ostasiatischen Religionen glaubt man nicht an Himmel und Hölle. Stattdessen stellt man sich vor, dass die Menschen immer wieder auf die Erde zurückkehren müssen – so lange, bis sie endlich ein gutes Leben geführt haben. Im Hinduismus, der Hauptreligion Indiens, sind die Gläubigen davon überzeugt, dass dieses Leben darüber entscheidet, wie das nächste aussieht. Wer ein gutes Leben führt, barmherzig ist und keine Menschen oder Tiere tötet, wird auch in seinem nächsten Leben glücklich sein. Ein Bösewicht hingegen wird das nächste Mal wahrscheinlich ein erbärmliches Leben haben. Er kann sogar auf einer niedrigeren Stufe, nämlich als Tier wiedergeboren werden. Alle Taten wirken sich im nächsten Leben aus: Der Mensch bestraft sich also selbst. Dieses Gesetz bezeichnet man in der hinduistischen und buddhistischen Religion als „Karma“. Auch manche christlichen Gruppen, wie zum Beispiel die Anthroposophen, lehren die Wiedergeburt.

In welchen Religionen glaubt man an Himmel und Hölle?

Die großen europäischen und westasiatischen Religionen, das Christentum und der Islam, lehren, dass es nur einen Gott gibt. Er hat die Erde geschaffen und erwartet von uns Menschen, dass wir an ihn glauben und seine Gebote befolgen. Christen und Moslems glauben, dass Gott zu uns gesprochen hat und seine Gebote in heiligen Büchern (in der Bibel oder im Koran) niedergelegt hat. Sie sind davon überzeugt, dass der Mensch nach seinem Tod von Gott gerichtet wird. Wer sich an die religiösen Lehren gehalten und ein gottgefälliges Leben geführt hat, darf zur Belohnung auf die ewige Seligkeit im Himmel hoffen. Schlechte Menschen kommen in die Hölle. Nach christlicher und islamischer Lehre leben Menschen nur einmal und haben keine zweite Chance. Sie dürfen aber trotzdem auf die Gnade Gottes hoffen.

Was sind Hieroglyphen?

Die Schriftzeichen der alten Ägypter. Übersetzt heißt das „heilige Schriftzeichen".

Hat es früher Moslems in Europa gegeben?

Im frühen Mittelalter war der größte Teil Spaniens moslemisch, es herrschten hier maurische (nordafrikanische) Kalifen. Ihr letztes Reich – nämlich das Kalifat Granada – zerfiel im Jahr der Entdeckung Amerikas durch Kolumbus, also 1492. Auch Südosteuropa wurde viele Jahrhunderte lang von den moslemischen Türken beherrscht. Die islamischen Machthaber duldeten in ihrem Reich auch andere Religionen. Damit waren sie viel toleranter als die meist unduldsamen und fanatischen christlichen Herrscher in West- und Nordeuropa. Gegen Ende des 19. Jahrhunderts mussten sich die Türken von der Balkanhalbinsel zurückziehen, ihr Osmanisches Reich zerfiel. Heute gibt es traditionelle moslemische Gemeinschaften nur noch in Bosnien. Allerdings bringen die Einwanderer aus der Türkei und aus den arabischen Ländern ihre islamische Religion nach Mitteleuropa mit, und es entstehen neue islamische Glaubensgemeinschaften.

Warum sind so viele Burgen heute nur noch Ruinen?

Die Ritterburgen des Mittelalters waren für Feinde fast unbezwingbar. Sie standen oft auf steilen Felsen oder waren von breiten Wassergräben umgeben. Dicke und hohe Mauern schützten den Burghof, in dem bei Gefahr die Bewohner der umliegenden Dörfer Schutz suchten. In der Burg selbst wohnten die Ritter mit ihren Familien und die Bediensteten. Das Leben auf einer Ritterburg war keine angenehme Sache. Der Wind pfiff durch die unverglasten Fenster, es gab kein fließendes Wasser, und die meisten Burgbewohner schliefen auf Strohsäcken in Gemeinschaftsräumen. Die große Zeit der Ritterburgen ging zu Ende, als Kanonen erfunden wurden. Nur sehr reiche Burgherren konnten ihre Anlagen so verstärken, dass sie auch Kanonenkugeln standhielten. Die meisten Burgen erfüllten nun keinen Zweck mehr. Sie wurden von ihren Bewohnern verlassen und verfielen zu Ruinen.

Warum „radierte" man im Mittelalter oft ganze Bücher wieder aus?

Aus Sparsamkeit. Mönche schrieben die Bücher mit der Hand auf teures Pergament, das aus Tierhäuten gefertigt wurde. Papier war noch unbekannt. Statt frisches Pergament zu kaufen, benutzte man bisweilen alte Bücher, die man nicht mehr brauchte. Von den beschriebenen Seiten wurde die Tinte wieder abgekratzt. So konnte man neue Bücher schreiben.

Wo gab es die ersten gedruckten Bücher?

Die allerersten Buchdrucker waren schon vor 2 800 Jahren in China und Korea am Werk. Sie schnitzten Bilder und Texte in einen Holzblock. Dieser Druckstock wurde mit Farbe bestrichen. Dann presste man ein Blatt Papier auf den Druckstock, und fertig war der Druck. Für jede Buchseite musste ein eigener Holzblock angefertigt werden, eine sehr mühselige Arbeit. Sehr viel später, im Jahr 1050 kam der chinesische Gelehrte Pi Sheng auf die Idee, bewegliche Lettern in den Druckstock einzusetzen. Diese Stempel bestanden aus Holz oder Porzellan. Wenn der Druck beendet war, konnte man die Lettern wieder aus dem Druckstock nehmen und für ein neues Buch verwenden. Die Sache erwies sich aber als unpraktisch. In der chinesischen Schrift gibt es für jedes Wort ein eigenes Schriftzeichen. Es war einfach zu mühsam, mit so vielen Lettern zu arbeiten.

Wieso ist der Buchdruck in Europa entstanden?

Um das Jahr 1450 entwickelte der Goldschmied Johannes Gutenberg in Deutschland eine Methode, wie man Bücher drucken konnte. Gutenberg hatte gegenüber seinen chinesischen Druckerkollegen einen riesigen Vorteil: In den europäischen Schriften hat nicht – wie in China – jedes Wort, sondern nur jeder Buchstabe ein eigenes Zeichen. Und weil es viel weniger verschiedene Buchstaben als verschiedene Wörter gibt, kommt man bei uns auch mit viel weniger verschiedenen Lettern aus.

Was sind Lettern?

Lettern sind kleine Metallstempel mit Schriftzeichen. Man nennt sie auch Typen. Jede Letter steht für einen Buchstaben oder ein anderes Zeichen wie Punkt oder Komma. Sie wurden in einen Rahmen eingesetzt. Eine Seite musste also nur einmal mit Lettern bestückt werden. Dann konnten davon beliebig viele Abdrucke gemacht werden. Wie jeder Stempel zeigt auch eine Letter ein spiegelverkehrtes Bild des Buchstabens. Erst im Druck steht der Buchstabe richtig.

Was war am Buchdruck so wichtig?

Der Buchdruck ist eine der wichtigsten Erfindungen der Menschheit. Nun musste man nicht mehr jedes einzelne Buch mit der Hand schreiben, sondern konnte von jedem Buch hunderte oder tausende Exemplare drucken. Zur gleichen Zeit lernten die Europäer, Papier herzustellen. Erstmals in der Geschichte der Menschheit war es möglich, Bücher herzustellen, die sich nicht nur reiche Leute leisten konnten.

Woraus besteht Papier?

Der Grundstoff von Papier ist Holz. Um daraus Papier zu machen, muss man die Holzfasern zerkleinern und dafür sorgen, dass sie aneinander kleben. Das geht so: Man zerkleinert ganze Baumstämme in zwei Zentimeter lange Späne, die mit Wasser und Chemikalien zu einem Brei verrührt werden. Dieser Papierbrei wird gekocht, gebleicht und wieder gewaschen. Dann stampft man den Brei, um die verbliebenen Holzschnitzelchen zu zerkleinern. In der Papiermaschine wird er noch einmal gemixt und immer weiter getrocknet. Walzen pressen das restliche Wasser heraus und drücken die Fasern zusammen. Das feuchte Papier wird schließlich getrocknet, aufgerollt und zerschnitten.

Was ist Recycling-Papier?

Man kann Papier auch aus Altpapier herstellen. Das hat viele Vorteile: Man muss keine Bäume fällen, bei der Herstellung wird weniger Wasser verbraucht, und es fallen weniger giftige Abwässer an. Recycling-Papier nennt man auch Umwelt-Papier. Altpapier, wie alte Zeitungen und Pappe, wird neu eingekocht und wiederum in Papierbrei verwandelt. Der Brei wird dann wie bei der normalen Papiererzeugung aus Holz weiterverwendet. Recycling-Papier ist meistens ein wenig grau, weil man sich bemüht, möglichst wenig giftige Bleichstoffe zu verwenden.

Auf welchem Kontinent haben alle großen Weltreligionen ihren Ursprung?

In Asien: Buddhismus und Hinduismus haben ihren Ursprung in Indien, der Taoismus in China, der Islam auf der arabischen Halbinsel und Judentum und Christentum in Kleinasien. Die ursprünglichen europäischen Religionen wurden allesamt vom Christentum verdrängt. Zu diesen untergegangenen Religionen gehören zum Beispiel die Götterwelt der Griechen, Römer, Germanen und Slawen und auch die druidische Religion der Kelten.

Seit wann gibt es die „richtige" Rechtschreibung?

Die amtlichen, für die deutsche Sprache gültigen Regeln der Rechtschreibung sind eine ziemlich neue Erfindung. Sie wurden erst vor etwas mehr als 100 Jahren für die deutschsprachigen Länder festgelegt. Zuvor hatten Schreiber und Schriftsteller mehr oder weniger geschrieben, wie es ihnen passte. Ein Originalbrief von Goethe beispielsweise wimmelt von Merkwürdigkeiten, die wir heute als Rechtschreibfehler betrachten würden. Für Goethe waren das natürlich keine Fehler; für ihn gab es ja keine bindenden Regeln. Die Werke der Schriftsteller vergangener Jahrhunderte müssen für moderne Neuausgaben verändert werden; sonst würden wir ständig über Fehler stolpern. Im Jahr 1901 wurde die moderne Rechtschreibung in ihren Grundzügen festgelegt. Beispielsweise fiel das „th" bei Wörtern wie „Thurm" und „That" weg. Seitdem heißt es „Turm" und „Tat". Nur das „th" bei „Thron" musste bleiben. Der deutsche Kaiser Wilhelm II. duldete es nicht, dass an seinem Thron (mit „th"!) etwas verändert wurde.

Weshalb haben Länder Flaggen?

Jeder Staat hat seine eigene Flagge als Staatssymbol. Flaggen gibt es erst seit 300 Jahren. Sie entstanden, als die seefahrenden Mächte um die Vorherrschaft auf den Weltmeeren kämpften. Die am Schiffsheck wehende Flagge zeigte an, zu welcher Nation das betreffende Kriegs- oder Handelsschiff gehörte. Die erste echte Nationalflagge hatten die Niederlande. Später legten sich die Landmächte ihre eigene Flagge zu.

Seit wann leben in Australien Menschen?

Australien ist der letzte Kontinent, der von europäischen Seefahrern entdeckt wurde. Im Jahr 1770 landete der englische Kapitän Cook auf diesem Erdteil und erklärte das Land zum Eigentum Englands. Damals lebten in Australien vermutlich zwischen 300 000 und einer Million Ureinwohner. Ihre Vorfahren waren in der Steinzeit mit Booten aus Asien gekommen.